中职生创业指导

主编 李肖鸣 孙逸

清华大学出版社

北 京

内 容 简 介

当前，世界格局的竞争事实上已经变成了创新的竞争。国家重视创新创业教育，很多毕业生选择了创业，给我国经济发展带来了新的动力。但是，创业是一个实践性很强的过程，在创业中获胜的根本还是创新。

本书涵盖了创业的基本知识和最新的创业技术，并结合上海觉群大学生创业基金帮扶的现实案例，深入浅出地对青年创业给予了切实可行的启蒙辅导，力求给中职生指出一条创新创业之路，使他们知道要开始创业，首先要有创新，并为解决他们在创新创业过程中遇到的问题提供思路和方法。

对拥有创业梦想的中职生而言，本书是一本实用的创新创业辅导手册。

图书在版编目（CIP）数据

中职生创业指导/李肖鸣，孙逸主编. —北京：清华大学出版社，2020.6（2020.11 重印）
ISBN 978-7-302-55407-3

Ⅰ．①中⋯　Ⅱ．①李⋯　②孙⋯　Ⅲ．①职业选择－中等专业学校－教材　Ⅳ．①G717.38

中国版本图书馆 CIP 数据核字（2020）第 074268 号

责任编辑：杜春杰
封面设计：刘　超
版式设计：文森时代
责任校对：马军令
责任印制：宋　林

出版发行：清华大学出版社
网　　　址：http://www.tup.com.cn，http://www.wqbook.com
地　　　址：北京清华大学学研大厦 A 座　　　邮　　编：100084
社 总 机：010-62770175　　　　　　　　　邮　　购：010-62786544
投稿与读者服务：010-62776969，c-service@tup.tsinghua.edu.cn
质 量 反 馈：010-62772015，zhiliang@tup.tsinghua.edu.cn
印 装 者：三河市国英印务有限公司
经　　　销：全国新华书店
开　　　本：185mm×230mm　　印　　张：12.5　　字　　数：213 千字
版　　　次：2020 年 6 月第 1 版　　　　　　印　　次：2020 年 11 月第 2 次印刷
定　　　价：49.00 元

产品编号：086586-02

编 委 会

主　　编　李肖鸣　孙　逸

编委会成员　（以姓氏笔画为序）
　　　　　　王　星　卢蕴实　刘忠生　李　晶　要红天
　　　　　　觉　醒　徐仁彬　黄　侃

参 编 单 位　上海市教育委员会
　　　　　　上海市慈善基金会
　　　　　　上海觉群文教基金会

序

　　创新是民族进步之魂，创业乃社会发展之基。习近平总书记指出，"创新是社会进步的灵魂，创业是推动经济社会发展、改善民生的重要途径"。当前，我们正处在一个伟大的时代。新的时代呼唤创新创业之风，并且为创新创业搭建了广阔的舞台。广泛开展大众创业、万众创新，是培育和催生经济社会发展新动力的必然选择，是扩大就业、实现富民之道的根本举措，是激发全社会创新潜能和创业活力的有效途径。

　　实践证明，国家的繁荣发展离不开人民群众的创造力，推动大众创新创业，是全社会的共同责任。本着支持创业、鼓励创新的初衷，2009 年 1 月，玉佛禅寺联合上海市教委、上海市慈善基金会、上海市团委等单位共同发起成立"玉佛禅寺觉群大学生创业基金"，基金总额 1 000 万元，主要用于扶持有志于在沪开展非科技类创业的上海普通高校全日制毕业生，优先向家境贫困的毕业生以及吸纳家境贫困毕业生就业的大学生创业企业提供支持。"玉佛禅寺觉群大学生创业基金"的设立，不仅为大学生自主创业提供了资金支持，而且为缓解大学生就业压力、减轻国家和社会负担起到了积极作用。11 年间，"玉佛禅寺觉群大学生创业基金"成功资助了 197 个创业项目，累计资助金额达 1 745 万元，资助项目横跨科技成果转化、电子商务、教育培训、文化新媒体、广告传媒、互联网+、现代服务业及优秀传统文化传承等 25 个行业，资助项目成功率超过 80%。上海有 30 多所高校的创业项目得到过基金资助。多家创业团队陆续发展至百人以上，资助项目累计创造就业岗位超过两万个，基本实现了资助项目带动就业的初衷，部分项目已呈现出广阔的发展前景和蓬勃生机。2013 年 1 月，"玉佛禅寺觉群大学生创业基金"被评为上海市慈善基金会"首届十佳慈善公益项目"；2014 年 9 月，荣获"第三届中国公益慈善项目大赛'实施类项目'铜奖"；2018 年，荣获由国家民政部主办的"中华慈善奖'上海市推荐对象'"。

　　创业成功，要在资金，首重技能。为帮助有志创业者不断激发内在潜能，提升创业技能，拓宽创业视野，近年来玉佛禅寺觉群大学生创业基金管委会通过创办"创业者之家""远程辅导专家咨询团""创业孵化基地""创业联谊社"等延伸机构，组建"觉群创业联盟合作中心"，举办"创业即修行"高峰论坛和成果展等形式，面向创业群体开展有针对性的技能培训和经验交流，为有志创业者提供有益的指导和帮助，从而凝聚心智，深入挖潜，进一步做大做强大学生创业项目。"玉佛寺觉群大学生创业基金"通过加强与高校和创业园区的深度合作，积极打造"觉群创业联盟"的"接力基金"平台；通过吸纳和整合社会资源和力量，以现有的资金资助形式为基础，积极开拓技术扶持、技能提升、理念创新、思维拓展等多种资助模式，在对创业项目"扶上马"之后，借助"接力基金"，对扶持的创业项目再"送一程"，此举有利于增强创业者的信心和勇气，有利于推动项目获取更大的成功，有利于创新创业效率的最大化。

中职学生，作为充满青春活力和创业冲动的青年群体，具备独特的技术优势和勇于拼搏的创新潜质，是"大众创业，万众创新"的主要群体之一。受到知识结构及创新创业经验等因素的制约，中职学生群体亟须要有一套针对性强、可操作度高的创业指导类书籍。因此，"玉佛禅寺觉群大学生创业基金"的多位导师，结合多年指导大学生创业的经验，用浅显易懂的语言，理论联系实际，从选择创业项目、制定创业方案、筹集创业基金、组建创业团队、互联网时代的营销管理和客户管理、如何做好财务管理等角度，详细介绍了中职生创业的有关理论知识和实践方法。每一章节后面还安排有案例学习和课后思考题，以期模拟一个真实的社会环境，帮助读者快速掌握创业所需的知识和技能，努力将书本知识转化为现实经验，进一步提高创新创业知识的普及性和实用性。相信通过学习本书，潜在的创业者们一定能够从觉群导师以及历年成功创业的团队那里，汲取丰富有益的创业知识和经验，为实现自己的创业梦想铺平道路。本书的问世，是"玉佛禅寺觉群大学生创业基金"十一年如一日，始终坚持发扬"庄严国土，利乐有情"的慈悲情怀，以"鼓励创新，扶持创业"为宗旨，以基金支持为基础，应运而生的又一项福利社会、利益大众的公益慈善实践。

躬逢强盛世，幸遇新时代。回首十一年历程，"玉佛禅寺觉群大学生创业基金"之所以能够成功持久，完全得益于党和政府的关心支持，得益于基金管理方和申报者的真挚诚信，得益于各大高校的认真组织和积极推介。包括"玉佛禅寺觉群大学生创业基金"在内的一系列帮扶项目的出现，让更多踌躇满志的年轻人有机会实现创业梦想，而创业者怀揣感恩之心回馈社会的善行义举，又为社会的和谐稳定发展注入了新鲜血液，从而呈现出"接受资助创业——创业获得成功——资助他人创业"的良性循环的积极态势。

"青年兴则国家兴，青年强则国家强。青年一代有理想、有本领、有担当，国家就有前途，民族就有希望"。希望广大青年朋友紧紧牢记习近平总书记的殷切嘱托，更加紧密地团结在以习近平同志为核心的党中央周围，积极把握中华民族伟大复兴的宝贵时机和机遇，勇做大众创业、万众创新的弄潮儿，在实现个人梦想与人生价值的同时，为全面建成小康社会、实现中华民族伟大复兴的中国梦做出新的更大贡献。

有志者，事竟成。真诚期待每位有志创业者：早日放飞理想，事业有成！
再次感谢上海觉群文教基金会对本书出版的支持！

编 委 会

2019 年 9 月 10 日

序

前　言

2009 年 7 月，我在上海市觉群大学生创业基金会和其他两位企业家导师一起作为评审专家，为当年申请"觉群大学生创业基金"的大学生创业项目进行基金资助评审。这也是觉群基金会第一次面向上海高校为征集创业项目进行公开评审。就在这次评审中，我遇到了一位来自上海交通大学的学生，他手里拿着一个创业计划书，坐在我的面前，当他递给我的时候，我看了一眼这个面庞还有些青涩的年轻人，经过询问最后我们决定资助他，帮他成就梦想。这个年轻人叫张旭豪，他的创业项目叫"饿了么订餐平台"。这也是他这个项目得到的第一笔天使投资。

这段经历在我脑海里久久不能忘记，不仅仅是因为如今的"饿了么"已经如日中天，当年的张旭豪也已经创业成功，成为投资人，而是因为这个成就年轻人梦想的创业时代！随后，我又见证了"樊登读书会""59store"等多个由我认识的学生成功创业的故事，使我更加明白：一个人要在一生中成就自己的事业，立志一定要早！这也是我们撰写这本《中职生创业指导》的初衷。

本书的前身是《大学生创业基础》，2009 年 10 月由清华大学出版社出版，第二年便获得了由中共北京市委教育工委和中国高等教育学会等多家单位联合举办的"2010 首都大学生读书节"评选颁发的"中国大学生最喜爱图书（文教类）"，当我以作者身份站在领奖台的时刻，我感到一个创业时代来临了！

本书结合当前创业时代变化和互联网创业、新媒体创业营销的特点，以及中职生的学习特性，加入高职院校和中职学校的教师和企业家一起创作，在原书基础上做了升级改版，力求更加适合中职生创业学习使用。

2020 年的今天，当双创浪潮一浪高过一浪的时候，很多年轻的创业者做出了让前辈们瞩目的成绩，多少创业先驱从成就个人梦想，到改变他人命运，改变着社会生活的方方面面……创业已经成为一种生活方式，成为青年学生职业生涯中的一种选择。

少年强，则国强。我们希望少年的中职生，在世界观尚未形成时，就了解一些创业英雄的故事，懂得一些有关创业的知识，这样在他们今后的人生遇到选择时，就会多一条出路。在他们立志成就自己人生的时候，多一种选择。他们因为看过或者学过这本《中职生创业指导》而得到创业启蒙，会少走或不走弯路。

　　成功没有捷径，成功的路都很漫长，但是成功者都有一个共同的品质，就是：不抛弃不放弃，永不言败！无论我们将来选择了什么样的职业，都需要这样的品质。

　　愿所有年轻的读者，都可以从本书中获得一种力量，成就人生梦想，成长为对社会有用的人才！

李肖鸣

2020 年 1 月于上海

目　录

第一章　创业者都是英雄

📖 本章要点

　　通过本章的学习，可以使学生认识到创业是一种勇敢而积极的人生抉择，创业是一种可以培养和提高的能力和素质。学习创业最好的方法就是向成功的企业家学习经验，在创业实践中体会磨炼。

第一节　创业是可以学习的

一、创业前需要知道的定律

1. 人都是学而知之

　　一出生就具备企业家天赋的人是极少的，我们在多年的创业辅导中发现，进行一次完整的创业培训对创业者来说是十分有价值的，甚至是不可或缺的。

2. 创业需要有强烈的愿望

　　翻开历史的长卷，古今中外，那些出人头地的企业家，大多都是怀着强烈的创业愿望，从自主创业开始的。也许他们开始并没有什么经营经验，但是因为坚信"创业是致富的唯一途径"[①]，因此虽然历尽辛苦，依然矢志不渝地迈向自己的人生目标，最后走出了不平凡的人生。

3. 独立是成年的标志

　　独立和自立的能力，是人生最重要的能力之一，其实也是任何一个成年人都应

---

① 格林伯格及赛克斯顿（Greenberg&Sexton, 1988 年）的研究：《创业者的创业动机》中的第六条。

具备的能力，是我们自信的源泉，也是创业的基石。古人云：恃人不如自恃。①当一个人成年以后，就应该立志不再依靠别人，而是依靠自己去面对生活给予我们的一切，这就是独立。只有这样才可以担当起一个成年人的责任。这个责任，包括对社会的责任以及对家庭的责任。

4. 抓住机遇，才会成就人生

马克·吐温曾经这样抱怨过："我往往是在机会离去时，才明白这是机会。"事实上，这也是很多人的命运。从市场经济的原理来看，只有在有市场需求时，你的准备才有意义。市场需要什么，你就准备什么，这样成功的机会将会多很多。时代为我们提供了施展才华的舞台，社会的需要为我们提供了机遇。如今，自主创业已经成为新一代莘莘学子实现自我价值、敢于梦想、敢于实践的新的人生选择。

5. 创业是积极的人生选择

任何从零开始的创业都是不容易的，但是困难远没有你想象中的那么可怕！读完本书，你就会发现，经过深思熟虑而投身创业是你人生路上一个积极而正确的抉择！

二、创业必经的六个阶段

每一个企业的建立，都要经过以下这六个必经阶段，如图 1-1 所示，而每个阶段又有各自的目标和要求。

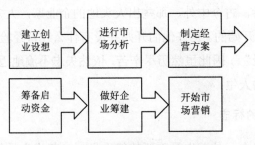

图 1-1　企业建立必经的六个阶段

第一阶段：建立创业设想。 即通过思考，选择一个适合你的同时满足市场需求

---

① 《韩非子》，意思是：依靠别人不如依靠自己。

的创业项目。

　　第二阶段：进行市场分析。即通过一系列的市场调研，来判断这个项目是不是可执行的，是不是有未来市场潜力的。

　　第三阶段：制定经营方案。即明确企业的发展方向和经营目标，研究和制定符合市场规律的经营策略。

　　第四阶段：筹备启动资金。即要找到稳定的创业资金，并且要明白资金如何合理运用。

　　第五阶段：做好企业筹建。即开始为建立企业寻找场地、申办组织形式、学习相关法律、掌握开办企业的基本技能，为经营企业做好各项准备。

　　第六阶段：开始市场营销。即运用独特的营销手段，找到目标客户，并且建立良好的服务系统，力争赢得顾客满意。

三、如何开始创业的学习

　　建立一个企业如此烦琐，而维持一个企业的生存更将是一个漫长的历程。作为一个初次创业者，到底应该从哪里入手，怎样才可以把一个企业建立起来并且经营成功呢？这是每一个将要开始创业之旅的人面临的共同问题。

　　创业既是一种能力，也是一种精神。如果说资金和项目对创业者非常重要的话，那是否具有创业精神，才是更重要的问题。创业者的自身素质才是创业成败的关键，而创业精神需要在创业过程中慢慢培养，创业者的素质和能力，也是可以培养和提高的。

　　其实，每一位成功的企业家，在他开始创业之前，都是和你我一样的普通人。

（一）向成功的企业家学习是创业的捷径

1．创业者是可以培养的

　　上海第一财经频道主持人崔艳在 2009 年 4 月 5 日采访"德丰杰全球创业投资基金"创始人汤姆·威尔斯时提问：您认为创业者可以培养吗？汤姆·威尔斯立刻给予肯定的答复：当然。毋庸置疑，创业是可以学习的。

　　每一个创业者在创业初期，都应该对已经创业成功或没有创业成功的人做尽可能多地了解，当然，这种学习不要对自己的创业形成束缚。因为人们所学会的每一件事都是实践的结果，而每一个创业者在创业历程中，都不可避免地犯过错误，任何一位企业家都会牢记自己和其他创业者经历了怎样的磨难才取得了今天的成功，其中最典型的就是亨利·福特，这位汽车大王曾经破产过四次。

我们现在清醒地知道：学习别人成功的经验，可以使我们更快成功；汲取别人失败的教训，可以使我们不复制失败。就像家长从小就告诫孩子不要用手去摸太热的东西一样，实际上如果没有家长的教诲，这个世界上不知要多出多少被烫伤的故事。

2. 向成功者学习成功的经验

学习就是获得经验的捷径。没有谁天生就有丰富的经验，所有的经验都是人们经历之后才获得的，"实践出真知"，只有在挫折中"吃一堑长一智"，才可以积累有用的经验。假如你想拥有经验，梦想创业成功，最好的办法就是跟创业经验丰富的人讨教，分析成功企业家的案例，然后注意借鉴他们的经验，行动起来。

不要在山底下跟没有登过山的人请教攀登到山顶的经验，而是要跟那些已经成功攀到顶峰的人请教。一个没有登过山的人，怎么可能教会你登山的技巧？

3. 学会独立观察和思考问题

学习那些成功的案例，不难发现，在那些成功企业家的眼里到处都是机会。他们很少抱怨，而总是用一双善于发现的眼，去看到别人看不到的商机。他们总是具有独特的思路和见解，而且行为也通常异于常人。有时甚至是不为大多数人接受，但是却从来不人云亦云，所以才成为人群中的佼佼者。具有不同于常人的思维方式和不盲目追随"羊群效应"的行为方式，是成功企业家的普遍特点。

4. 创业者都是英雄

敢冒风险是成功人士的另一特点。风险和机遇是一对孪生兄弟，如果只选那些别人尝试过的、四平八稳而又无风险的事去做，那必将与很多机会擦肩而过。都说机会只光顾那些有准备的头脑，事实上，机遇在很多时候，都给了那些敢于承担风险的人。

汤姆·威尔斯说："创业者都是英雄。"因为，在创业者决定迈出创业这一步的时候，就不管前路是成功还是失败，都做好了去迎接挑战的准备。

> ✿ 创业培训给了黄侃创业的勇气
>
> 毕业于上海科学技术职业学院的黄侃，在读大三的时候，参加了学校组织的"大学生创业基础"课程学习和实训。
>
> 通过创业培训课程的启发和学习，黄侃萌生了创办公司的念头，于是在学

校门外的"创业一条街"上开办了一家做服装贸易的电商公司，并且在 2009 年成为觉群大学生创业基金的首批资助项目。

随着公司的发展，在原有行业发展成功的基础上，公司开始投资电竞服务业务，成立了"杭州威佩网络科技有限公司"，并注册了"LDG"品牌。公司至今已经成为一家集赛事运营、媒体资讯、大数据分析、玩家社群、游戏周边等为一体的综合电竞服务平台。截至 2018 年，黄侃公司涵盖了几大主流电竞业务，同时开始布局电竞教育，员工已达 400 人，步入了稳定的发展阶段。

图 1-2　黄侃和他的 LDG 品牌

☺创业导师提示

　　成功者虽然是少数，但是那些失败的创业者虽败犹荣。在与成功创业者的交往中，不知不觉你就会被他们的勇气感染，从而学到他们身上那些闪光的优点。学习创业者成功的故事，确实会让你热血沸腾，充满激情；但是，聆听创业者失败的教训，是在提示你如何规避风险，会使你在创业中更具理性。

（二）在学习中领悟真谛，敢于创新，追求出类拔萃

1．创业需要目标明确

俗话说："条条大路通罗马。"成功的路有千万条，总是踩着别人的脚印前进，不敢越雷池一步的人，一生大多是碌碌无为的。创业的魅力就在于没有固定的模式，只有敢走别人从未走过的路，才能独辟蹊径，走出自己创业之路。要善于总结成功企业家的经验，善于观察和发现新的机遇、新的商机，用创新的思维来设计自己的创业思路，站在成功创业者的经验之上，确立自己的目标。

高尔基说："一个人追求的目标越高，他的才能就发挥得越快，对社会就越有益。"是金子总会发光的，是人才无论放在哪里，最终都会脱颖而出。

2. 学习是成功的捷径

时间最公平，它对每一个人都一样。谁也不会多拥有一分，也不会少拥有一秒，因此，人们永远也无法积累所有的经验。但是，运用别人的经验，就能够达到事半功倍的效果，因此创业成功的秘诀就是汲取有丰富实践经历的企业家的经验和智慧，来指导自己的创业行动。

3. 成功是可以预先规划的

为什么同样是一个时代的人，创业的结果却又那么不同呢？有没有一些方法和规则，可以让后来者也步入成功的殿堂？这个答案是肯定的。因为人生需要理想和目标，创业也需要提前规划，古人常说的所谓"立志要早"，用今天的语言来诠释，就是职业生涯规划。也就是说，在二十岁时就要明确自己到三十岁时要成为一位企业家，并且在十年间矢志不渝，这样就会因为目标明确而成为创业的成功者。如图 1-3 所示为成功人生的策划阶段。

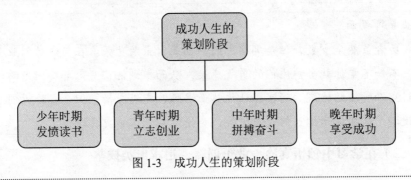

图 1-3　成功人生的策划阶段

☺ **创业导师提示**

追求出类拔萃，就是追求某种意义的成功。心态决定成败，只有拥有积极向上的心态才能助你成功。满足现状、不思进取，是一个人成功路上的最大障碍。

4. 创业者都是野心家

拿破仑说："不想当将军的士兵，不是好士兵。"也就是说，一个根本没想过要出类拔萃的人，最后注定就是一个平庸的人。具有强烈的成才欲望、一心致富的愿望，怀着美好的梦想，坚信"天生我才必有用"的创业者，才可以获得创业的成功。

> ✿ **上海没羞草文化传播有限公司**
>
> 2009年，上海市觉群大学生创业基金资助了"上海惜戏文化发展有限公司"，2018年，惜戏公司与另外两家公司重组，成立上海没羞草文化传播有限公司。
>
> 目前公司集专业的舞台演出策划制作、影视全案摄制于一体，参与拍摄制作广告、微电影、宣传片、话剧、音乐剧；承接了中国图书馆年会、中国科技节开幕式等，参与过多部原创话剧、舞台剧的演出，策划服务百余台政府及企事业单位的大型活动，均获得业内一片好评。

（三）创业要趁早，年轻就是最大的资本

纵观历史和现代社会，年轻的成功者和富翁数不胜数。每个人都在追求着自身的进步和成长，只有在年轻时就确立自己的创业目标，选定自己的发展方向，成功创业才有了前提。

1. 自古英雄出少年

人，最大的财富是青春。人在年轻时开始创业，也许成功率最高。列宁说过："年轻人犯了错误，上帝都会原谅。"即使做错了，还有改过的机会；即使失败了，也还有东山再起的时间。"自古英雄出少年"，年轻时的勇气、胆识和魄力，也是其他年龄段不可比拟的。

2. 少而好学如日出之阳[①]

"六月里开的花，不是四月里撒的种吗？"一个人如果在青年时代就播下创业的种子，在中年时就会收获成功，在晚年时才能享受成功的果实。从来就没有什么救世主，就像歌德在《浮士德》中说"凡是自强不息者，终能得救"，每个人的命运，都始终是握在自己手里的。

> ✿ **马飞飞和他的"软猬甲"**
>
> 2014年马飞飞读书时就醉心科研，他从东华大学毕业以后就直接走上了创业

---

① 汉·刘向《说苑·建本》，全句为"少而好学，如日出之阳；壮而好学，如日中之光；老而好学，如炳烛之明。"意思是少年好学如同初升的太阳那么鲜亮；壮年好学如同中午的阳光光芒四射；老年好学如同燃烛照明。

业之路,在觉群大学生创业基金的扶持下,成立了上海固甲新材料科技有限公司,专业研发、生产和销售个体人身安全防护用品。

公司经过三年多的科技攻关,采用自主研发的专利技术,研制出一种新型柔性防刺复合材料,其生产的各种"软猬甲",均通过了公安部和中国兵器工业208研究所的严格检测。

2018 年,马飞飞的公司营业额达到了 500 万元,公司也发展成为占地面积26 000 多平方米的规模。

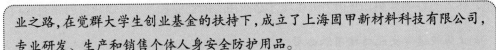
☺创业导师提示

年轻并不是创业的障碍,而是走向成功的资本。成功者的心里都有一把丈量自己的标尺,知道自己该干什么,不该干什么。

(四)创业是勇士的选择

培根说:"好的运气令人羡慕,而战胜噩运更令人惊叹。"因此,选择做一个创业者,是需要一些勇气和自信的。

1. 创业成功是积累的结果

"不积跬步无以至千里,不积小流无以成江河",创业成功从来都不是一蹴而就的,而是循序渐进、一点点积累起来的。因此,成功与失败只是一念之差,不同的是企业家选择了奋斗,进而获得了成功。而甘于现状,或者因害怕失败而不思进取的人,最终会成为随波逐流的平庸的人。

2. 创业过程需要忍耐

生物学家巴斯德说过:"告诉你使我达到目标的奥秘吧,我唯一的力量就是我的坚持精神。"没有人可以随随便便成功,没有一个人的成功是一帆风顺的。创业初期的独立和自由,是和寂寞紧密相连的,但是当创业成功者遇到挫折时,总是充满信心地忍耐和等待事业光明的到来。

3. 遇到挫折需要信心

创业历程也跟四季一样,既有高峰低谷,也有暖春寒冬。雪莱曾说过:"冬天到

中职生创业指导

了，春天还会远吗？"成功的创业者在战胜各种困难和坎坷的过程中，总是用"天将降大任于斯人也，必先苦其心志，劳其筋骨"来鼓励自己坚持下去，于是，心智得到了提高，品格受到了考验，意志也更加坚定，在克服和战胜困难的过程中成就了完美而成功的事业。

☼ **陈佳烨的石灵餐饮**

2011 年陈佳烨从淘宝商城的品牌旗舰店开始走上了创业之路，创业之初还得到了觉群大学生创业基金的扶持。但是第一次的创业，并没有陈佳烨想象中那样顺利。

陈佳烨没有向困难屈服，依然向着自己的梦想进军。于 2017 年二次创业成立了上海石灵餐饮管理有限公司。

公司现在大宁中心美食广场拥有 22 个小型餐饮档口。总面积 1 100 平方米，帮助年轻创业者开设自己的小店铺，不仅吸引了知名品牌入驻，还得到了消费者的青睐。

☺ **创业导师提示**

任何一个成功的企业家，都是从小处做起，慢慢壮大起来的。困难，原本就没有想象中那么可怕，跨越了困难，就走向了成功。

（五）创业不必等你完全学会了才开始

1. 边干边学更实际

通常，人们认为只有具备了精深的专业知识才可以开始创业。而事实上，先有了丰富的专业知识后才开始创业且走向成功的人并不多。大多数成功人士都是在知识不多时就直接对准了目标，并在创业的过程中边做边学，有针对性地根据自己的需要补充知识。按照卡耐基的说法，人的成功只有 15% 取决于自身拥有的知识。

☼ **上海五行仪象设计工作室**

2019 年，在第五届中国"互联网+"大学生创新创业大赛上海赛区职教赛道评比中，上海西南工程学校的"五行仪象设计工作室"获得了上海市金奖。

这家五行仪象设计工作室的创始人吴歆瑜和戴忻怡，把中国传统文化中的五

第一章 创业者都是英雄

行，运用到了室内设计中。这种古老而新颖的设计理念，不仅得到了学校朱寒冰老师的大力支持和帮助，同时也得到了年轻房东的认可，很快就签订了咖啡馆设计合同。

　　尽管吴歆瑜和戴忻怡还不具备足够的知识储备，但是她们认为边干边学，完全可以在实践中不断丰富自己。正是因为这次咖啡馆设计的成功，得到了施工经理介绍的新订单，增强了她们的创业信念。

2．想干就干不遗憾

　　美国心理学家雷亚德说："就一般情况而论，多数人都是等到开始工作的时候，才到处请教学习。"如果要等你认为所有的条件都成熟以后再去创业，也许就永远错过了成功的机会，而且世界上好多机会都是转瞬即逝，"过了这个村就没有这个店"了，想做就做，想干就干，只有充满激情和自信，才能抓住机遇，创业成功。

（六）敢于梦想，才会成功

　　梦想跟现实的距离，可以通过自身的努力而逐渐缩短。有位成功学大师在她每天必做的成功早操里有一句口号，叫作："我虽然不是富翁的后代，但是我要成为富翁的祖先。"这是她的自信和对人生的规划。

1．人，要敢于梦想！

　　俗话说：人贵有志。只有有理想、有志气的人，才可以成就非凡的事业。敢于创业才会成为成功的企业家，几乎每一个成功者，都是勇于改写自己人生轨迹、扭转家族命运的人。人如果没有梦想，也就永远没有成功。

2．目标明确才会成功

　　有了明确的人生目标和人生定位，未来才不会盲目。如果每天都在朝着目标迈进，就会越来越接近那个光明的、只属于成功者的殿堂。

3．创业成功需要毅力和坚持

　　如果立志命运从创业开始改变，就要咬定目标不放松，矢志不渝地付出努力，这样就一定会得到回报。有思路才会有出路，有作为才会有地位。人首先必须敢想，

中
职
生
创
业
指
导

其次必须敢做，人生才会改变，理想才会实现。如果没有播种，就永远也不会有收获的果实。

> ☼ **上海氪林网络科技有限公司**
>
> 　　上海氪林网络科技有限公司成立于 2015 年 6 月，创业之初是由孙杰、林彬、刘翔等三人在松江成立的一个工作室，工作室取名"i 雷锋"。当时是以校园学生作为目标用户，通过拼单的方式来解决消费痛点。对公司最初以行程拼车、闲置物租赁、问答平台、公用会员卡、商户折扣拼人等板块作为公司主营业务，但事实上经过了三年，公司才开始实现盈利。
>
> 　　创业是一种生活方式，它不是工作，也不是职业，而是一种生活方式。最现实的困境是，成就感的实现是需要时间的，而好多创业者就是在这个缺乏成就感的时期失败的。
>
> 　　新建企业的种种问题（诸如营销、会计核算、广告等），对于创业者的自信来说，都是挑战。这段时期就像一个人在暗夜里独行，没有外界的肯定，没有别人的帮助，感情世界很难平衡。可以说，在创业初期，是创业者感到最孤独的时候。

4. 成功需要胆识和魄力

　　所有成功的企业家，并不是因为具有天生的才能而成功，而是因为具有过人的勇气、坚定的信念、执着的精神、不屈不挠的意志，才会在历经风雨之后，取得创业的成功。一个创业者想要成功，应该具备胆识和魄力。

> ☺ **创业导师提示**
>
> 　　通常人们认为新办企业大多数失败，少数人迅速壮大。通过对创业者成长历程的调研结果显示，这个观点是不全面的。事实上，企业的成长是缓慢的，在竞争中站稳脚跟所需要的时间更多的是十年，而不是两年。
>
> 　　这意味着每个企业在成功的历程中，几乎都经历过失败，但是一次失利并不代表最后的失败，一旦这些创业者可以克服这些困难就还有东山再起的可能，在这个时候放弃，就会直接导致创业失败。

第一章　创业者都是英雄

5. 创业同样需要勇气

创业将给你带来无穷的快乐，因为这意味着自由，意味着你有勇气放弃平稳的一成不变的生活而选择了机遇。当然，这样的选择也与困难和风险紧密相连，因为创业成功绝对不是一件轻而易举的事。

☼ **饿了么和张旭豪**

张旭豪在 2008 年开始创业的时候，最初是为了解决大学生想吃饭没人送的痛点，后来又因为要解决外卖送不过来的问题，才想到打造一个送餐平台来解决饭店和学生之间的沟通问题，他仅仅用觉群大学生创业基金给他们的 10 万元就开始了创业，在国内率先开办了"饿了么"订餐平台。

2018 年，"饿了么"已经拥有了 15 000 名员工，被阿里巴巴以 95 亿美金全资收购，张旭豪成了创业成功的典范。

十年后的今天，张旭豪已经成为远璟资本的联合创始人之一。成了投资人的张旭豪不仅给觉群大学生创业基金捐赠 50 万元，也成了一个帮助更多创业者创业的企业家。

☺ **创业导师提示**

没有张旭豪最初的创业梦想，就没有今天的"饿了么"，是创业让张旭豪这个普普通通的年轻人，成为青年人仰慕的成功人士。他不仅改变了自己的人生，也带领更多的人走上了致富的道路，为社会做出了自己的贡献，实现了他的人生价值。

第二节　创业前的思考

孔子曰：凡事预则立，不预则废。自从创业者决定要开始创业那一刻起，就应该为创业做准备了。首先必须静下心来，认真思考一下如何去做？从哪里开始做？也许此前从未想过，但是在决心创业时必须认真思考下面的几个问题，为今后的创业历程做好心理和思想上的准备。

中职生创业指导

一、你是谁

开始创业前，首先创业者必须确定自己目前的实际状况：我的处境如何？我的缺点在什么地方？我的优点在哪里？总之，必须"认识自己"。给自己画一张自画像：你了解你自己吗？你知道你的处境如何吗？

1. 扬长避短是成功的捷径

每个人都有其优势所在，而自己最大的成长空间就在其最强的领域。只要善于发现、发挥优势，必能技压群雄、脱颖而出。

> ✿ **打造西藏特产电商平台的罗拉**
>
> 罗拉是一名藏族学生，在"大众创新万众创业"的时代，他觉得自己拥有的优势就是对西藏特产的了解和资源。于是他利用西藏独有的资源优势，打破传统的交易方式，砍掉中间商的环节，以线上线下一体化的商业模式来经营销售西藏的土特产。
>
> 罗拉致力于推动藏区农牧民的原生态绿色产品走出高原、步入全国、迈向世界。截至 2019 年，罗拉在线上的淘宝店和微店，以及在线下的代卖店和西藏那曲合作商店，均得到了用户 100% 的好评。

> ☺ **创业导师提示**
>
> 世界上没有人因为减少了缺点而变得成功，而通常是发挥了长处才走向了成功。

2. 人无完人，认识自己的长处

世界上每个行业都有其自身的规律和特点，而任何人也不可能是万事俱能的完人。创业者面对形形色色的行业选择，有擅长的，也有不擅长的，但是总会有最适合自己的。认识自己，就是为了清醒地找到自己的长处和短处。

3. 有自信才会有成功

人的一生所达到的高度，不会超过自己自信可以达到的高度。如果拿破仑认为

第一章 创业者都是英雄

他的部队攀不过阿尔卑斯山，那么他的部队就永远也不可能攀得过阿尔卑斯山。创业者必须有坚定的信心，才可以达到梦想的目标。

自信是创业者走向成功必备的心态。"自信者不疑，人亦信之；自疑者不信人，人亦疑之。"对自己创业的能力和企业的未来充满信心，别人也会相信你，愿意和你走到一起，共同奋斗。一个不自信的创业者，是不会给别人带来信心的。

4. 找到优势就找到了信心

美国盖洛普公司前董事长唐纳德·克里夫顿博士说过："在成功心理学看来，判断一个人是否成功，最主要看他能否最大限度地发挥自己的优势。"每个人自我价值的实现都来源于对自身价值的认定，而人的自信来源于自己的优势。可见，正确地认识自己，在人的一生中有多么重要。找到了自己的优势，就找到了自己的信心。

> ☺ 创业导师提示
>
> 在创业前问问自己：我是谁？我想干什么、能干什么？我喜欢什么、擅长什么？我哪些方面是弱项？找准自己的定位，客观冷静地分析自己，深刻清醒地认识自己，对创业者非常重要。

二、你要成为谁

第二步是规划"未来的自己"——未来自我发展的理想状态。未来的我应该是怎样的？作为企业家我应该具备哪些素质？我发展了哪些品格？除此之外，创业者需要确定自己的发展目标，确定创业者在未来应该具备的能力。

1. 找出你的偶像

一个人之所以能够成为什么人，是因为他相信自己能成为什么人。如果相信自己能行，那就一定能行。《诗经》里有这样几句诗："高山仰止，景行行止。虽不能至，心向往之。"应该说，在每个人的心里都有自己所向往的东西和自己所崇拜的人，那么，你自问：你最崇拜谁？你将来要成为谁？人们说：榜样的力量是无穷的。你崇拜谁，喜欢谁，就会自然而然地去学习他的一切，关注他的一切。榜样可以给你一种激情，而模仿和学习，就是你成为他的开始。就像学习书法和绘画一样，都是从描红临摹开始最初的学习。

中职生创业指导

2. 创业需要对成功有饥饿感

成功还需要一点饥饿感，一点渴望。就像一群人中第一个闻到饭香的，一定是最饿的那个人；一群人中最成功的，一定是最想改变自己命运的那个人。因此，只有当人渴望成功时，才可以得到成功。

☺ **创业导师提示**

一个创业者，最大的忌讳就是没有激情。没有激情的人，也很难有进取心和创造力；没有激情的人，是与成功无缘的。有没有明确的目标和方向，对创业者来说是至关重要的。

3. 激情成就梦想

创业者唯有找到自己的人生目标，找到自己最希望成为的人，并且由内心深处生发一种要成为偶像的激情，才会焕发出自身的活力。唯有渴望创业成功的激情不绝，在变化莫测的创业历程中，保持清晰的方向，才会充满活力地成就创业梦想。

⚙ **胧爱校园**

蒋公宝毕业于上海理工大学，上海胧爱文化传播有限公司（以下简称"胧爱文化"）是他妻子创建的。他读书时深受母校聘请的企业家导师的影响，对创业充满激情。从那时起，蒋公宝也希望像他们一样涉足商界，所以选择了自己熟悉的学校校园创业服务行业，开始创业。

"胧爱校园"是胧爱文化的品牌项目，致力于高校与社会资源的对接。截至 2018 年，整合了全国 2 000 多所高校，55 个校园快递服务站，10 万+校园媒体平台，每年累计组织 5 000 多场校园活动。

胧爱文化 2017 年荣获教育部"国创计划十周年"庆典及第十届全国大学生创新创业年会"优秀创业项目"第一名；2017 年人保部创业就业项目金奖；2015 年荣获上海市慈善教育培训中心"20 年特殊贡献奖"等荣誉。

2018 年，胧爱文化已经是国内有一定规模的校园整合营销企业，年营业额突破 1 亿元，纳税上千万元，被评为"上海市杨浦区重点纳税企业"及"上海市大学生创业带动就业典型企业"。

目前，胧爱文化已经获得了一项实用新型专利，两项软件著作权和商标知识产权。同时，胧爱文化发起了"沂蒙爱心使者团"与"兴蒙计划"，为沂蒙山老区乡村小学捐献 54 所爱心图书馆，捐款总额达 120 万元。自公司成立以来，向社会各界累计捐款 270 万元。

4．人以群分，物以类聚

和什么人聚在一起，就会成为什么人。创业者如果想要创业成功，那就要多与成功的企业家为伍，而不要与失败者、悲观者为伍。如果身边没有成功企业家或者创业导师，那可以多去阅读成功企业家写的书，在书中与他们的灵魂相交，他们那平和的心态和世界观、价值观，以及对待失败和挫折的乐观淡定，都会在潜移默化中影响你、感染你。

> ☺ 创业导师提示
>
> 虽然目前年轻学生创业失败有缺乏职业经验的原因，但是，创业需要的职业积累不仅仅有职业技能、学识、意识，还包括相应的资源、人脉、经验和渠道的积累。

三、如何拉近你跟心中目标的距离

图 1-4 为拉近与心中目标距离的过程。

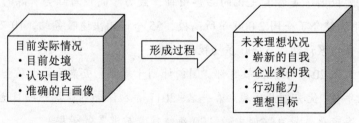

图 1-4　拉近与心中目标距离的过程

1．用成功者的心态处事

如果一个创业者立志要成为一个优秀的企业家，那么从今天开始，就要用一个企业家的心态、思维模式和眼光来学习、观察、分析处理身边的人和事，并且要用企业家的标准要求自己，从思维方式到心态，都要向他们学习，就好像已经成为成功的企业家一样。

2. 做好迎接挑战的准备

成功从来就不会是一蹴而就的。创业者一旦已经明确了创业的目标是什么，那么不管这个目标多么难以达到，也要认为自己已经拥有了，只不过正在取得的路上。如果拥有了这样的心态，就会进入一个可以最有效帮助创业者实现愿望的状态，从而逐步接近目标。

3. 机会永远靠自己创造

从来就没有救世主，一切都要靠自己的努力。创业者只有把现在的自己，和目标的自己比较一下，看看距离在哪里？差距有多大？把这些差距变成动力，一天天、一点点地缩短与目标的距离，最终就能实现创业的愿望，只要坚持不懈的努力，就一定可以成为成功的企业家。

> ✿ **上海边岩文化传播有限公司**
>
> 上海边岩文化传播有限公司是从一个由三位年轻的设计师组建的"1909DESING 工作室"发展而来。
>
> 1909DESING 工作室成立于 2014 年 11 月，是一个致力于打造上海设计服务的专业工作室。
>
> 上海边岩文化传播公司为了把握市场发展主流趋势，他们完成了 UI 设计服务、MG 视频设计服务、微信表情设计、空间设计等多项技术研发，从 2016 年开始大面积进行市场推广，逐渐获得了市场的认可。
>
> 至 2017 年底，上海边岩文化传播有限公司与携程网、诺亚集团、统一集团、名略咨询等大型企业达成了合作。
>
> 不论最初的梦想多么远，不论最初的工作室多么小，机会永远需要自己来创造，天上是不会掉馅饼的。

第一章 创业者都是英雄

✿ **一个园林绿化工程公司老板的创业成功规划**（见图1-5）

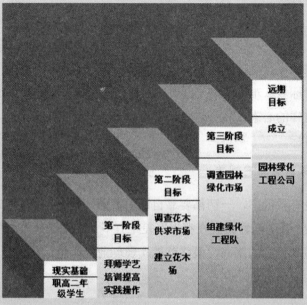

图 1-5　园林绿化工程公司创业规划

现实基础：徐良是一名职高毕业的学生，在校学习了两年，具有与园林绿化相关知识的基础。

第一阶段：通过拜师学艺的方法，在实践中边干边学积累了实践操作经验。

第二阶段：在了解掌握了园林栽培技术后，调查了解到花木市场较好，他就建立了一个花木场。

第三阶段：花木场运营后，又组建了园林绿化工程队，加长了产业链。

第四阶段：已经完全掌握了园林绿化的全套技术，具备了独立开办园林工程公司的经验和能力。

4. 创业成功是可以规划的

只有行动才能拉近和目标的距离。创业者必须设立一个创业规划，最好是一个具体的计划或时间表，把每个阶段的大目标分解成为几个小目标，一个一个地去实现，循序渐进地迈向成功。

> ☺ **创业导师提示**
>
> 　一个人的计划不管多么好，多么严密，但是，只要没有跟上行动，就依然是一张废纸。立即行动，是实现梦想的唯一途径。

四、清理你的通讯录

已故的管理学大师德鲁克有一句名言："清理你的人脉就像清理你的衣柜一样，将不合适的衣服清出衣柜，才能将更多的新衣服放入衣柜。"

1．交友要有取舍

俗话说：一个好汉三个帮。意思就是说，有本事的人也需要别人的帮助才可以把事业做好。现实中大多数人都是"在家靠父母，出门靠朋友"，在社会上、在人生的每个阶段，在每个人的身边，都会有朋友的身影。但是，"近朱者赤，近墨者黑"[①]是说跟红色靠近会变红，靠近黑色会变黑，因此，有选择、有取舍地交友，对一个人的成长很重要。

人的一生中，不断面临着取舍的问题，孟子曰：鱼，我所欲也；熊掌亦我所欲也，二者不可得兼，舍鱼而取熊掌者也。为了实现创业目标，就必须舍去一些朋友，多腾出时间来为自己的创业梦想而努力奋斗。

2．交友须胜己

当创业目标确定以后，就要分清哪些人是跟创业目标一致的，哪些人是跟创业目标相悖的，必须做到"道不同不相为谋"，不要浪费宝贵的青春，要惜时如金。一个人的精力是有限的，只有把有限的光阴专注在自己的创业目标上，才可以实现创业成功。孔子曰：交友须胜己，似己不如无。多与成功的企业家接触，时间长了，你也会是一个企业家。

3．密切联系你的客户

在创业者决定创业以后，就要时时关注市场的发展变化，与目标顾客保持密切

---

① 晋·傅玄《太子少傅箴》："故近朱者赤，近墨者黑；声和则响清，形正则影直。"意思是靠近朱砂的变红，靠近墨的变黑，指客观环境对人有很大影响。

的联系，竭尽全力地工作，创出令人信服的业绩，致力于维护好稳定的客户群体。在互联网发达的今天，可以充分利用粉丝经济、短视频营销等新型工具来增加用户的黏性。

☺ **创业导师提示**

　　创建公司时必须投入全部的精力，任何人都不可能只拿出一部分时间就可以把企业做好。在创业的初期，时间永远是最稀缺的资源。即使是周末，你也无法与家人和朋友分享快乐，甚至还要放弃你喜欢的娱乐活动。

4. 靠近你的目标市场

　　开始创业以后，创业者就要把全部精力都放在市场和顾客身上，只有靠近市场，才可以找到市场的需求；针对市场需求而生产的产品和服务，才会有人购买；有了顾客的购买，才有可以维持企业生存下去的利润，点点利润的积累，就是未来的财富。这就是为什么企业家都要把顾客看成是企业的上帝的原因。

5. 立身成败在于所染①

　　跟市场有关的、跟信息有关的、跟业务拓展有关的人会成为创业者的新朋友，因为开始了创业的新生活，也会有一群同样创业的人加入创业者的朋友群体里，这也是"人以群分，物以类聚"的道理。有共同语言的人，会自然而然地走到一起来。

6. 一寸光阴一寸金

　　从创业者立志要成为企业家开始，要没有节假日和业余时间的概念。创业者365天都在工作，这是常有的事，因为创业是在为自己工作！创业就是快乐并忙碌着。

☺ **创业导师提示**

　　西班牙著名作家塞万提斯说过："重要的不在于你是谁生的，而在于你跟谁交朋友。"多跟成功的企业家在一起，或者多读成功者亲自写的成功历程、创业指导、自传等，相信在不久的将来，你就会和他一样获得成功。每个人的内心都蕴藏着巨大的能量，都有可能成就一番了不起的事业，关键在于他是否相信自己可以做到、是否采取了行动。

---

① 立身成败在于所染：就是说一个人的人生成败跟他周围的环境息息相关。语出唐朝名相魏征谏太宗《十渐不克终疏》："立身成败，在于所染，兰芷鲍鱼，与之俱化，慎乎所习，不可不思。"

第三节　案　例　学　习

⚙ **案例 1　上海帝亚实业有限公司**

上海帝亚实业有限公司是一家专注于网络零售的电子商务公司，从最初 6 人的创始人团队发展至今团队规模已扩充至 230 人（见图 1-6），并在北京设分公司，年销售额达到 4 亿元。公司保持以每年 2 倍以上的发展速度，在京东、天猫等平台拥有 50 余家商城店铺，并且集团在电商市场成功与多个知名品牌深度合作。公司自有仓储面积 12 000 平方米，日均发出数万个邮寄包裹。公司创始人王星积极参与觉群大学生创业基金公益项目，于 2017 年和 2018 年担任觉群大学生创业基金创业导师，参与资助项目的评审工作。2018 年 8 月公司向上海觉群文教基金会捐赠 30 万元支持觉群大学生创业基金的发展。

图 1-6　上海帝亚实业有限公司团队

2019 年，教育部等部委联合举办的第五届中国"互联网+"大学生创新创业大赛上新增加了"职教赛道"，而且，也首次让中职生参加全国大赛。这是一次难得的人生阅历，希望每位中职生都可以抓住机会，在大赛中崭露头角！

☺ **创业导师提示**

不论干什么，都要趁早。在 20% 的人做的时候做，在 80% 的人都做的时候退，不走寻常路。成功者做出的每一个异于常人的决策，都需要过人的胆识和魄力。机会永远都在，就看你有没有一双发现的眼。

课后思考题

1. 首先认真填写表 1-1，同时让了解你的家人和同学也给你写一份，互相打分，看看你的自我认识，和你在他人眼里的印象是否一致？这样会帮助你正确地认识自己。表中 5——非常符合；4——比较符合；3——一般；2——比较不符合；1——非常不符合。

表 1-1　正确认识自己分析表　　　姓名：　　　日期：

	详 细 内 容	符 合 程 度
优　　点		5 4 3 2 1
缺　　点		5 4 3 2 1
综合评价		5 4 3 2 1

2. 你想在未来如何描述你的一生？你将来要成为什么样的人？认真填写表 1-2。

表 1-2　创业者思考表　　　姓名：　　　日期：

描述一下现在的你		满 意 度 满意 A 一般 B 不满意 C
描述一下未来的你		自 信 度 自信 A 一般 B 不自信 C
列出你要联系人的名单	姓名　　目前职业职务　　电话　　地址 1. 2. 3. 4. 5.	

3．认真填写表 1-3，并且保存起来，到既定日期对比一下为了实现这个目标，应该多联系什么样的人呢，一定要明确，越详细越好。

表 1-3　人生规划设定表　　　　　　姓名：　　　日期：

	五年后达到	明年达到	今年达到	本月达到	本周达到
生活目标					
家庭目标					
教育目标					
经济目标					
个人发展					

第二章 如何选择创业项目

一、选择项目的基本步骤（图2-1）

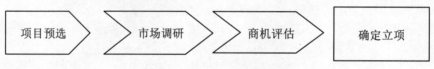

图 2-1　选择项目的基本步骤

　　创业项目的确定一般需要经过这样几个步骤：项目预选、市场调研、商机评估和确定立项。各个阶段的具体操作方法和实施思路，将在下文逐一详解。

☺ 创业导师提示

　　商业构想能否成功的一个原因在于有没有真正的市场需求。它通常是指市场上尚未解决的问题、市场空白点或者目前已有产品难以满足的"顾客的痛点"。满足市场需求的方案就是你提供的产品，也可能是某种技术、某项服务，或者是二者的结合。

　　但是，即使你发明或利用了某项技术，设计了某种产品，也需要找到目标市场开展营销。只有产品（或服务）可以变现，创业才可能成功。

二、商业创意主要分为两大类

商业创意主要分为两大类。

一类是需求拉动型创意。即为了满足顾客需求，解决顾客遇到的问题，创业者要想出某种方法或方案，并且该方法既能盈利，又是创新。

另一类是知识拉动型创意。这类创意经常涉及某种新技术或技能，其创新之处就相当于市场机遇，但创业者需要找到可盈利的应用场景，即发现需要借助新技术的问题。

1. 需求拉动型或"企业型"创意

创业者常常通过自己的生活、职业经历，或者观察亲戚朋友的经历，偶然发现一个有待解决的问题，并且这个问题具有一定的普遍性。如果他可以就此问题进行研究和市场调研，进而找到一个可以解决的方案，一个商机就这样出现了。

> ✿ **中职生发现网络存储器空间不足的问题**
>
> 2019 年第五届中国"互联网+"创新创业大赛职教赛道（中职组）比赛项目中，来自上海信息职业学校的学生项目得到了评委的一致好评，获得上海市金奖。
>
> 创业者朱奇航是上海信息技术学校数媒专业的学生，于 2017 年购买了一台群晖的网络存储器用于存放专业所需的素材和资料。但是在使用过程中出现了诸多问题，甚至导致了他积攒多年的资料丢失！而后又因为存储器的扩展性欠缺所致，他无法继续存储更多的数据，必须在更换硬盘和再购置一套新的存储器之间做出选择。前者会造成数据存取上的麻烦，后者则是造成资源的浪费和大笔的资金投入。
>
> 能不能制作一个新的网络存储器？朱奇航本是数字媒体专业学生，缺乏硬件及 php 技术。他的导师左骋浩、沈元正、任健、朱惟其、罗晟，不仅提供了技术支撑，还帮他组建了由朱奇航、宋浩然、倪清、韩晓依组成的初创团队。学校也为其项目提供影视制作实验室和实训机会。最终项目获得凌度科技公司订单。

图 2-2　朱奇航和团队成员

2. 知识拉动型或"基于答案找问题"的创意

与商业创意一样，科学研究也可能源于未被满足的需求，如梦想找到没有副作用的药物或疗法来成功治愈癌症。对科学知识的追求会促进新发现，新发现可以跨界，可以创新创造出难以预料的商机。因此，在依靠知识拉动创业的情况下，创意阶段就像是用某种新技术、新发现去寻找潜在市场和应用的过程。

☼ **上海食品科技学校的"苋糖阁"食品项目**

上海食品科技学校建有上海市职业教育"农产品加工与检测"三星级开放实训中心，2015 年 9 月与上海牧粮实业有限公司签订研发技术服务协议。

上海牧粮实业有限公司是一家主要从事高蛋牧草种植、加工及销售的农业高科技企业，2014 年引进中国农科委皇帝草种植项目，皇帝草又名籽粒苋，生长快，植物蛋白含量高。

"苋糖阁"食品开发过程

学校积极吸纳学生参与研发与技术服务工作，担任研发助理，参与研发籽粒苋西点产品研发。团队在科研中发现：籽粒苋不仅富含蛋白质，氨基酸均衡，赖氨酸丰富，还含有角鲨烯、黄酮类、类胰岛素等生物活性成分。角鲨烯可抑制胆固醇合成，有效预防高血压、心血管疾病发生。黄酮类物质可以软化血管、降低血管脆性对预防治疗高血压有积极作用，籽粒苋粉动物实验表明小鼠血液中胆固醇、甘油三酯、血糖含量均显著下降。

在国外，籽粒苋食品广受青睐，籽粒苋含有的有益成分对高血压、糖尿病患者有很好的食疗作用，由籽粒苋开发的系列养生食品在国内还未普及，籽粒苋食品加工销售市场是空白。

中职生创业指导

于是，他们决定把开发籽粒苋食品作为创业项目。经过两年的努力，申请籽粒苋发酵饮料专利一项（专利号：201611162602.2）；研制了籽粒苋系列西点产品、籽粒苋植物饮料，获得上海牧粮实业有限公司的认可。

遇到的困难

籽粒苋西点产品虽然可以制作，上海牧粮实业有限公司的私募投资者见面会时也得到了认可，可作为创业项目是产品单一，缺乏特色亮点。团队中五位学生和两位指导老师都学习过西点制作，其中一位指导老师是上海市首席技师（西点），有两位学生和一位指导老师曾学习过茶艺表演，他们联想到与茶文化有机结合，将籽粒苋西点制作成茶点；籽粒苋的加工特性非常适合制作中式点心，他们找过朱泾镇有名的张嫂点心制作籽粒苋方糕，非常适合，几乎不改变原有点心特点，所以团队决定将原来的籽粒苋西点拓展为中式、西式点心。茶艺表演能够营造一种高雅消费环境，在茶艺表演练习中，他们想到籽粒苋项目要与传统茶文化的融合创新，不仅要制作精美的籽粒苋养生点心，还要营造高雅的消费场景，确定了"苋糖阁"团队的使命是制作系列籽粒苋精致美味点心，为顾客带来养生、养眼、养心的极致服务，不仅满足养生的物质需求，同时满足养眼的精神需求，更为顾客提供享受诗意人生、养心怡情的高端精神消费。

指导老师王爱军热爱诗词，为苋糖阁四季八品起了具有诗情画意的点心品名。她根据一年四季的气候变化，带领学生一起开发出具有"苋糖阁"特色的四季八品系列。

2019年第五届中国"互联网+"大学生创新创业大赛职教赛道（中职组）比赛项目中，这个来自上海食品科技学校的学生项目获得了上海市金奖。

图 2-3 苋糖阁团队和产品

第二章 如何选择创业项目

☺ **创业导师提示**

　　商业创意来源于各种途径，有时创业者一开始就碰到一个好点子，但大多数成功创业的人在行动之前都会经历一个思考过程，确认他们是否找到了真正的商机。你要能够解释为什么这个想法或解决方案比其他的更有优势。

第一节　初选创业项目时应注意的原则

一、初选创业项目前须知

1. 一切创业都来源于梦想或者商业创意

　　用一句话来形容选择创业项目的过程，那就是："众里寻他千百度，蓦然回首，那人却在灯火阑珊处。"[①]面对社会上种种创业项目的诱惑，面对眼前林林总总的创业题材，创业者必须做出思考：第一、你有没有做好调研，有没有对商机进行仔细分析？第二、你有没有思考其他可能性？如何知道你提出的想法不仅仅适用于个人，而且可以建立更广大的顾客群呢？

2. 做一个创意生成和评估的练习是非常有益的

　　这个练习的过程非常简单。首先需要发挥创造力，打开思路，想出数个有可能实现的创意，然后不带偏见地、理性地对这些想法进行评估，选出最好的几个。创意评估和创意生成同样重要，因为在之后的创业阶段，它能为你提供其他选择。

3. 根据自身特点，借鉴他人模式，进行全新的设计

　　有资料表明：在德国创业者中，只有5%的创业项目是真正独出心裁的；而在这5%中，还有50%的创业设想来自美国。可见，并不是说创业项目一定都是独创的，即便是独立创新的，也并不意味着就可以经营成功。创业者可以这样来思考：有哪些现成的经营项目可以改进得更好？有哪些经营项目是适合自己个性？还存在什么缺陷？如何改进它？

---

① 南宋辛弃疾的词《青玉案·元夕》。

☺ 创业导师提示

COPY 是第三代创新技术 CODEX 中的第一级。"他山之石，可以攻玉"①是我们老祖宗的发明。而"取其精华去其糟粕"、"古为今用，洋为中用"也是创业者选择项目的一种思路。

而淘宝网完全是阿里巴巴从 ebay "COPY" 出来的产物。

京东也是 COPY 线下的苏宁模式而来的。

☺ 创业导师提示

借鉴别人的经验并不是什么可耻的事情，关键是不要抄袭别人的知识产权或者仅仅是拙劣的模仿。

考虑创业项目时主要有三种思路：

一是全新设计，发现市场空白。

二是现成业态，但市场还未饱和。

三是改造或更新现有业态，可以使之更加完善。

这三种项目你都可以考虑，没有最好的，只有最适合的。

选择一个最适合你的就是你最好的选择。

二、创意生成练习的六个阶段

（一）寻找并考察有待解决的问题

需求导向的创意，巨大的商机来自于顾客的不满和抱怨。因此，练习的第一步就是找痛点。即：找到并选择哪些市场的商品或服务还不能满足的需求。

寻找问题的方式有很多，可以试试以下几种方法。

（1）分析目前社会上商业环境中的趋势。

（2）在网上寻找相关的信息。

（3）思考自己或身边人遇到的问题。

（4）在你所学的专业领域遇到的问题。

（5）向创业导师或者专家了解影响他们所在领域或行业的问题。

---

① 《诗经·小雅·鹤鸣》。

☺ 创业导师提示

　　写下找到的问题。然后分析如果每一个问题都得到解决，会有怎样的改善？这个问题有多重要？其中哪个问题最紧迫？

（二）解释并确认问题

　　在找到问题之后，小组成员要带着调研研究的态度去深刻理解问题，选出一个问题深入分析：

　　（1）首先用五个"W"提问，分析这个问题影响了谁（Who），问题出现时发生了什么（What），什么时候（When），在什么地方（Where）发生的，为什么（Why）会发生？

　　（2）循序渐进地对原因进行分析：思考"为什么"时，先找到一个原因，接着再问导致这个原因的根源是什么，如此继续下去。例如：污染是由交通拥堵造成的。为什么会交通拥堵呢？因为开车的人也太多了。为什么这么多人开车呢？其中的原因有地铁公交不完善、骑自行车危险、不允许在家办公等。每一种不完全的原因又会引出另外一系列的问题，而每个原因都可能产生商机。

　　最后，你需要确认一个最终问题，并围绕它开展头脑风暴。

☺ 创业导师提示

　　为了鼓励创造性、开拓思路，请用简短的语言表述问题，并采用疑问句而不是陈述句。例如："怎样才能让骑自行车更有吸引力？"

（三）进行"头脑风暴"，找出商业创意和解决方法

1. 这是整个练习中最具创意的一个环节

　　成功进行头脑风暴的关键在于不要对任何想法说好或者不好。任何人都可以开诚布公地说出自己的想法，即使是幼稚的、疯狂的想法，都可以提炼出巧妙、实际的解决问题的方法。

2. 这一环节的要点是尽可能思考、记录提出的解决方法

　　头脑风暴采取小组成员讨论的形式效果更好，因为每个想法都可能在其他成员

头脑中引发更多想法。注意：简要记录大家的想法即可。可以将大家的想法记录在一张便利贴上。不管想法多奇怪，也不要否决任何人的创意，用便利贴记录，可以方便在下一环节重组各种创意。

☺ 创业导师提示

　　即使一开始就明确了某项产品的创意，仍然推荐进行头脑风暴，以创造更多的选择，这也将有利于你在之后的练习中，更好地评估自己的商业构想。

（四）组织、合成创意概念

接下来，小组成员需要进一步阐释各种创意，把它们转化为更详细、更具实用性的解决问题的方法。选择其中少数几个创意进行有目的的详细阐释。

把所有存在某些关联的一个或者两个（或以上）想法归类，这样会看到比单个创意更具吸引力的答案，同时，还要思考以下几个问题。

（1）怪异的想法是否能够变得更加现实和实际。

（2）是否存在相关技术或技术组合，可以让想法变得切实可行。

（3）在其他领域是否存在类似的产品或解决方案，可否借鉴或是加以修改，应用到你选中的问题中来。

（五）评估、选择创意概念

根据对问题的理解，确立一套大家都满意的、解决问题必须满足的衡量标准。这时，小组可能需要暂时停止练习，做些研究或者向相关行业专家请教，明确制定出最好的标准，来评判那些大家讨论出来的创意，并且给它们打分。表 2-1 和表 2-2 可以作为参考。

表 2-1

标　　准	创意 1	创意 2	创意 3
有效性	−	−	+
成本	−	+	−
与基础设施或其他产品的兼容性	−	+	−

淘汰得分低的创意 1。随着创意范围的缩小，可以引入具体标准，如表 2-2 所示。

表 2-2

修改后的标准	创意 2	创意 3
解决问题的有效性	−	+
便利使用的有效性	−	−
成本	−	−
与基础设施或其他产品的兼容性	−	−

在这个阶段，与其他创意相比，其中某个创意得分最高，如表 2-2 中的创意 3，但它的综合得分仍然不高。这时，你可能要对这一创意做一些修改，让其优势更加明显，同时进一步将衡量标准具体化，直到找到一个令人满意的解决方法，如表 2-3 所示。

表 2-3

修改后的标准	修改后的创意 3
解决问题的有效性	+
便利使用的有效性	+
设计和生产成本	+？
消费者购买成本	+
与基础设施的兼容性	+？
与其他产品的兼容性	+

注：问号表示该创意还有潜在的改进空间。

如果你面对的问题，在目前市场已经有了相似的，或者是有可比性的解决方案，你可以将创意与现有的竞争对手相比较，比较现有产品各项的得分情况（有时也叫竞品分析）。如表 2-4 所示。

表 2-4

标 准	现有创意	新创意 1	新创意 2	新创意 3
有效性	0	−	+	+
生产成本	0	+	−	+
安装便利/兼容性	0	+	−	−

如果提出的创意中，没有一个符合某项关键标准的，就要抛弃这些创意，另找最佳方案，如表 2-5 表示。

表 2-5

标 准	现有创意	新创意 1	新创意 2	新创意 3
有效性	0	—	+	+
生产成本	0	+	—	+
安装便利/兼容性	0		—	—

（六）设定计划、规划执行所选的创意

这是练习的最后一步，现在需要草拟一个行动计划，包括你的业务是生产什么，卖什么，卖给谁，这些也是你将进一步做调研的内容。这还需要用到本书其他章节的内容。

☺ **创业导师提示**

好的商业创意要经得起测试和质疑，也要经得起本书后面部分提出的挑战。在商业创意阶段，关键不在于你能否说出某想法或解决方案为什么好，而在于你能否解释在同样的标准下，它比其他方法好在哪里。

（七）做最有市场潜力的事

1. 首先要研究顾客个人的需求

（1）认真做好市场需求的调研

苏格拉底说："最有希望的成功者，并不是才华出众的人，而是那些最善于利用每一个时机去开拓的人。"创业成败的关键，在于创业者能否发现和找到顾客的需要。要想知道什么项目是有市场潜力的，什么项目是未来有潜在市场的，就需要创业者做一个详细的调研和论证，多分析国家发展的宏观规划，认真做好市场调研，最后综合起来，分析和归纳这些信息，最后得出正确的结论来。

（2）找出需求：人类都有哪些基本需求

如何去发现顾客的需求呢？马斯洛（A.H.Maslow，1908—1970）动机理论的核心是需求层次理论，他认为，人的动机是由生存、安全、社交、尊重和自我实现这五种需要构成的，按其重要程度和发生顺序，从低级的需要开始发展到高级的需要，是阶梯式往上发展的。当低层次需要获得相对满足之后，才能发展到较高层次的需要。而当高层次需求被满足以后，低层次的需求依然存在，只是对行为的影响作用

第二章 如何选择创业项目

降低而已。

从需求的类型可以分成自然需求、社会需求和精神需求三个层次如图 2-4 所示。

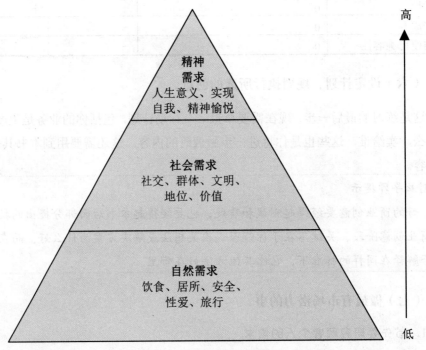

图 2-4　人类需求金字塔

① **自然需求**：指人们对于饮食、居所、安全、性爱、旅行等基本生活要求。

② **社会需求**：指人们对社交、群体、文明、地位、价值等较高层次生活要求。

③ **精神需求**：指人们对于人生意义、实现自我、精神愉悦等高级生活要求。

（3）需求分析思考：满足顾客这些需求的商品都是什么

首先，要研究满足顾客自然需要的商品和行业有哪些；

其次，研究满足顾客社会需要都有什么；

最后，还要考虑满足顾客精神需要的商品有哪些。

（4）对找到的需求进行比较：满足这些需求的渠道和形式是什么

显而易见，自然需求获得渠道和形式很多，但价值都不大，如水、馒头、普通平房等；当需要满足社会需求时，水就变成了牛奶，馒头变成了比萨，平房变成了楼房；当满足精神需求时，牛奶变成了 XO，比萨变成了满汉全席，楼房也变成了别墅。

（5）有限的商品就是最贵的商品

　　可见，那些限量的高档名牌商品，除了满足顾客自然需求、社会需求外，也可以满足他们的虚荣心和荣耀感的精神需求。但无论什么时候，精神需求总是最难满足的，有时甚至无法满足：有谁可以用钱买到真的爱情？

2. 其次要研究企业组织的需求

　　如果创业者所要创业的项目是为企业服务的，那么还需要研究企业有哪些需求。找到了需求，才找到了产品的设计方向；只有满足企业某种需求的产品或服务，才会有企业购买。

　　与人类需求金字塔相似，企业需求也分为生存需求、发展需求和领导需求三层，如图 2-5 所示，同样满足需求的层次越高，价格也越高。

　　① **生存需求**：在激烈的竞争中，企业最基本的需求是生存。这里需要的就是企业最基本生存和运作需要的所有环节：筹备启动资金、生产需要设备和原材料、企业管理需要计算机、员工需要招聘等。

　　② **发展需求**：企业生存得到保障之后，就是发展壮大的需求了。这时一切可以帮助企业扩大客户群体、提高盈利的服务都是企业需要的：要站在客户的角度去思考问题，找到满足该企业发展需要的方法。

第二章　如何选择创业项目

③ **领导需求**：跟人类需求金字塔相似的是，企业的需求也是逐级提高的，而且，需求的层次越高，在市场上的价格也越高。如果你的产品可以满足该企业领导行业的欲望，你就能获得最高价格的回报。

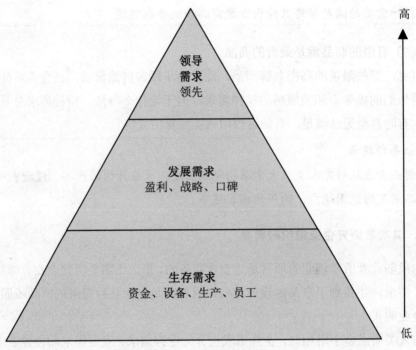

图 2-5　企业需求金字塔

3. 需求分析的目的

凡是消费者，不论是企业还是个人，在购买商品或服务时，完全是根据是否可以满足他们的某项需求而定。而这些需求并没有写在顾客的脑门上，而是需要创业者去分析和研究的。

> ☺ **创业导师提示**
>
> 　　研究客户的需求永远是第一位的问题，因为产品对消费者需求满足的程度绝对是消费者购买与否的决定因素，可这一点往往被初创业者忽视。

4. 研究市场潜力，掌握未来趋势

市场并不是一眼就可以看透的，众多的事实告诉我们：市场是进化式变动的，

顾客会自己去寻找替代品。一些普遍的市场发展规律确实会对创业者有所启发，但是潜在市场应该是创业者在仔细分析和市场调研之后才可以得出的结果。尽管有时也许会感觉一些发现有点不合时宜，但是，只要是调查得出的结论，必将成为未来市场和消费的主流。希望创业者不要忽略这些信息，从未来发展的角度对它们进行一次分析研究是值得的。

☺ 创业导师提示

美国大趋势研究家费斯·伯克恩说："创造趋势的人，必须认识未来。"因此，创业者应该把自己的目光放远，才会找到未来的趋势，创造符合新潮流的产品。不要以为创业者一定是做小生意或者高科技项目，也许一个偶然的设想，就会成就一个新的未来。

记住：发现趋势是一件不容易的事。因为好多时候，人们对萌芽中的趋势认识不足，往往被边缘化或者当成亚文化现象而不予重视。

✿ 发现生活中的痛点

在20世纪60年代，德国的海因茨·哈卡默发明了净水过滤器，率先用重金属和石灰对自来水进行净化。当时还没有同类产品，因此，并不被人重视。

随着环境污染的加剧和人们健康意识的提高，这一市场日渐壮大，并且很快出现了同类产品。如今，饮用过滤后的直饮水已经成为一种消费习惯，并且这一概念几乎被全世界的人们所接受。

5. 未来趋势预测

早在1992年，美国的费斯·伯克恩，就提出了未来趋势预测，结合目前的社会发展，本书作者也总结出一个未来趋势汇总表（见表2-6），希望对创业者初选创业项目有所启发。

表2-6　未来消费趋势表

序　号	消费群体	消费特点	经营项目预测
1	SOHO 一族	喜欢在家办公、购物、理财，喜欢家居井然有序、安全、舒适，重视家庭生活	家庭美化装饰用品及装修、家政服务、家庭安防设备、办公用品和网络维护服务、网上培训、理财顾问、宠物饲养服务市场

续表

序　号	消费群体	消　费　特　点	经营项目预测
2	冒险猎奇者	喜欢旅游、野外探险、猎奇	冒险体验、极地探险、漂流、异国情调的产品经营、富有冒险倾向的娱乐市场
3	另类个性者	追求素食、香薰、修炼、秘术、健身、另类，追求天然营养	健康咨询服务、保健产品、生态市场、安全环保产品、品质超群的产品、健身器材市场
4	多维消费者	消费多元化、中西合璧、融汇古今，这类消费者已占 6%	提供商品信息、消费指南、物美价廉、独特个性的商品，为多维生活方式提供便利
5	享受生活者	追求精致品位生活、注重生活质量、追求名贵奢侈独特极品	精心设计的优质服务、限量的奢侈品或者奢侈体验、服务极致的产品和服务
6	自由职业者	追求自由独立、返璞归真，不追求白领生活，崇尚自然	为年轻企业家提供的服务、网络服务、信息和渠道服务、娱乐业
7	延长寿命永葆青春	健康长寿、永葆青春是生活目标，追求新的医疗手段	健身及产品，瑜伽锻炼、保健用品，老年护理、体育用品、疗养用品，美容品和技术
8	社会环保	关注环保、伦理道德、文化教育等社会问题，探求内幕	获取新闻渠道，私家侦探、生化、生态和环保方面的服务和产品，废物利用回收渠道
9	消费维权	要求社会生产有诚信的安全产品，要求企业更有环保意识	诚实守信的产品、质量过硬的产品、关于食品安全和环保类的咨询和服务

　　有时，通过趋势分析，发现未来可能存在的关键问题，用创新的方式为顾客排忧解难，也是寻找市场机会的一种方法。表 2-7 所示为未来社会和经济生活的变化趋势。

表 2-7　未来社会和经济生活变化趋势

序　号	社会现象	表　现　形　式	消费需求倾向
1	二胎子女增多	目前国家政策允许一个家庭生育二个孩子	儿童用品个性化，儿童教育、服装、食品多样化
2	社会老龄化	退休人数增多，平均寿命延长	养老院、老年护理、居家养老用品、高级陪护、家政服务

中职生创业指导

序 号	社会现象	表 现 形 式	消费需求倾向
3	非家庭生活方式更加丰富	单身贵族、丁克家庭、周末夫妻、非婚同居、学生宿舍、三代同堂、养老院集体生活	方便食品，便携家具，简约生活方式；旅行社和旅游用品，自助游、自驾游社团，派对、聚餐用品
4	家庭结构变化	大龄青年、宅男宅女、独生子女增多，离婚率增高，丁克家庭、职业妇女、失业青年增多	婚介服务、职业培训、心理咨询、职介中心
5	受教育水平提高	高学历无业人员增多，职场竞争更加激烈，创业者增多	在家办公、自由职业、短期劳务、便利交通、即时通信、技能培训、企业顾问、企业诊所、创业指导
6	实际收入提高	恩格尔系数提高	娱乐业、休闲业
7	高储蓄率和净资产提高	银行存款增多，家庭固定资产增多	轻型汽车、家庭娱乐用品、高科技通信用品、教育和信息市场、投资顾问、理财师
8	信息产业需求提高	信息庞杂，无纸化办公，大型展会增多	软件定制、信息管理、编程人员、会展服务、广告、传媒、出版市场
9	高科技产品增多	5G 手机、网络通信，缩短了人与人之间的物理距离	简化、方便的高科技通信产品，便捷迅速的交通工具，新能源、新光源的需求
10	跨国企业、连锁企业增多	企业由集中经营变为零散分工合作、企业分布在不同地区	统一管理的软件开发：网络视频会议、多方会话通信、物流业
11	强调个性化	不论是企业还是个人，都比以往更追求个性和特色	个性化产品、个性化标志、小批量产品、彰显个性的装饰

第二章 如何选择创业项目

☺ 创业导师提示

你的创业项目要由市场需求来定。永远是先有需求后有产品，而不应该先有产品再去寻找市场。初步立项之后，还需要对此做认真详细的商机评估。一个项目是否有潜力，不要拍脑袋，不要人云亦云，要用数据、事实来判断并得出理性的结论。有市场需求的产品，才是值得做的，也是会给你带来成功的项目。

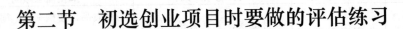

第二节 初选创业项目时要做的评估练习

一、如何确定创业项目

运用你的专业知识寻找创业项目

要花时间、做调查、勤思考。这既要用到你的专业知识，又需要吸取各行各业专家的意见（例如"觅糖阁"食品案例），目的是了解是否有必要生产新产品，顾客是否会对新产品感兴趣？

做完研究并与专家交流后，你需要组织和分析搜集来的资料。为了最大限度地利用调查和分析的结果，你可以画一张知识或应用的矩形表格，作为评估工具协助你拟定、比较各种技术应用。

第一步：你的技术可以用来做什么？

列出某项技术的新功能，并通过头脑风暴整理出可能用到该技术的具体应用场景。

第二步：有哪些备选项？

找出一项应用场景后，列出有哪些其他技术或方法可产生相同或相似的效果。在某些情况下，另一些选择也能取代你的技术应用而成为解决问题的方法。举例：一个上班族可以在两种品牌的汽车中选择一种——是买代步车还是买豪华轿车，也可以选择骑自行车或者使用公共交通工具。所有这些都可看作是满足同一出行需要的问题解决方案，它们之间存在竞争。

第三步：拟定多种选择、不同产业和各种市场可能性

通常认为一项新技术的用户来自于行业内部，他们会在新产品、新服务或者制造过程中使用该技术。列出可能用到你掌握的新技术的各种行业，每种行业中可能都有几项技术应用场景。

列一张关于知识或应用的矩形表格，标明有发展前景的行业，以及每个行业可能用到的你的技术和现行的其他方法（举例见表 2-8）。

表 2-8

	目标市场 A 如：汽车业		目标市场 B 如：航天业	
	市场应用 1 如生活用车	市场应用 2 如商务用车	市场应用 3 如民用航空	市场应用 4 如军用航空
你的知识技术	应用场景 1	应用场景 3	应用场景 8	应用场景 10
/应用	应用场景 2	—	—	应用场景 11
选择一	—	应用场景 4	—	应用场景 12
选择二	应用场景 5	—	应用场景 9	—
选择三	应用场景 6	—	—	应用场景 13
选择四	—	应用场景 7	—	—

第四步：为顾客比较各种应用场景的优点

（1）你的技术为哪个行业或应用领域的顾客带来了最大的附加值？

（2）在满足用户的显著需求和现实可行性方面，你的技术与其他技术相比，优势如何？

☺ **创业导师提示**

对不同的市场来说，生产成本、使用方便、准确性、性能、与周围产品的兼容性等方面都是重要的衡量指标。如果不能一眼判断出最重要的衡量标准，那可能需要与技术专家或行业专家交流一下。

一旦明确了一套核心标准，就画一张独立的矩形评估表格，如表 2-9 所示。

表 2-9

参考标准	应用场景 1	应用场景 2	应用场景 5	应用场景 6
生产成本	++	—	0	—
使用方便	+	0	0	+
准确性	+	——	++	+
耐久性	+	+	——	+
与周围产品的兼容性	++	+	+	+
市场是否已经存在	+	+	—	—
总分	8	0	0	2

给你提议的产品和其他产品打分，可以通过比较，找到得分最高的技术应用行

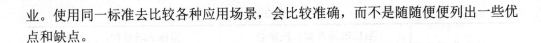

业。使用同一标准去比较各种应用场景，会比较准确，而不是随随便便列出一些优点和缺点。

二、确定创业项目时的注意事项

1. 先调研后决策

当创业者初选了创业项目之后，不要忘记还有一个重要的环节——市场调研。通过详尽的市场调研之后，就可以对创业项目的市场潜力有一个相当的了解了。然后再结合其他因素，对创业项目进行一次严格的商机评估。

2. 先评估再立项

商机评估是项目可行性调研的重要环节——并不是我们喜欢什么，就可以做成什么。任何一个创业项目的成功，都不是偶然的。创业者必须考量：我的产品或服务会被市场接受吗？顾客会信赖我的产品吗？市场上是不是早已经存在着很多强劲的竞争对手？谁在为我的目标顾客提供着同样的产品和服务？

☺ *创业导师提示*

为了对自己十年后的企业负责，你一定要对创业项目有一个清晰的了解，首先要做市场调研和分析，对未来的创业项目做一个完整的商机评估。

3. 方向正确，才能创业成功

随着创业者逐步迈入创业的大门，会发现有些事和原来预料的并不一样。作为创业导师，我们曾目睹过许多创业的成败，它们在创业过程中，有一个共同的特点：往往不是一些专业的问题决定了事业的成败，而是你的创业方向不正确。

有了市场调研和商机评估，你就可以作出判断，你的设想是可以获得持久的成功，还是应该尽早放弃。在创业的过程中，最糟糕的感觉应该就是犹豫不决、惊慌失措了。一次成功的市场调研，就是你事业稳步发展的保障。

☺ *创业导师提示*

信息缺乏是导致创业失败的第二大原因。61%的创业失败可以归结为创业者的信息匮乏：创业者对市场发生的情况了解不够，过于乐观地估计了对自己产品和服务的市场需求。

中职生创业指导

4. 跟创业者学习创业

企业经营管理咨询并非只有大企业才需要，对所有的创业者来说，向创业导师请教，是非常必要的。当然，这位导师一定是有自主创业实践经验的企业家。就像我们学开车，不可能跟一位只知道开车的理论技巧而自己没开过车的人学习一样，创业也跟开车一样，是一个实践的过程。在实践面前，理论对你的帮助十分有限。

三、如何对创业项目进行商机评估

（一）商机评估的内容

如图 2-6 所示，商机评估包括以下四个主要部分：自身条件评估、市场需求分析、盈利模式探讨和竞争优势研究。

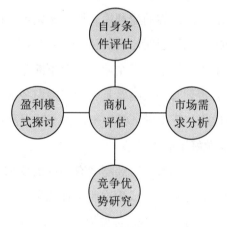

图 2-6 商机评估的四个主要部分

（二）自身条件评估

1. 失败是成功之母

无数成功的企业家在成功之前都和大多数人一样平凡，唯一与众不同的是他们具有天生的乐观主义精神、坚定的自信和顽强的、百折不挠的毅力。困难也曾光顾过他们最初的事业，但最后都被他们踩在了脚下。

2. 认真审视自己

首先你要了解创业过程中必须要经历的几个阶段，然后衡量自己的性格、爱好、特点，看你是否适合创业、是否适合做这个项目。

（1）你是否为创业做好了心理准备

创业开始后的前三年，也称为企业的初创期，这时你不仅要有实现创业梦想的强烈欲望，还要能忍受创业初期的寂寞。要知道，不论多么好的项目，也都要经历一个潜伏期才会盈利。这时的情形，就好像"野渡无人舟自横"，你必须做好忍耐的心理准备。创业时期的自由和自我决策，是与寂寞紧密相连的。要有危机意识，时刻准备承受困难和坎坷，具有坚忍的心理素质，不要轻易喜怒，保持平和心态。

（2）你是否为创业做好了知识准备

创业是一个漫长的实践过程，创业之初的你，一定是一个多面手。你的企业是否具有核心技术是生存的关键。你的盈利模式要不断调整，因为一旦你踏上创业的征程，就好比你创业的帆船已经起航，"孤帆远影碧空尽"，你已经回不到起点了，必须用坚强的毅力坚持下去，并且为了企业生存要不断学习。是否会分析市场？是否懂得企业管理？是否会策划营销策略？是否看得懂财务报表？创业其实也是一个不断学习、不断提高的过程。干中学，学中干，以不断提高自己的知识水平。

（3）你是否为创业做好了能力准备

创业也是分阶段的，不同的时期对经营者有不同的要求。当事业取得阶段性的成功时，你一定要清醒。企业的经营成果说明了你的经营能力，使你信心倍增，此时也许感到"轻舟已过万重山"。但是，你要用平和的心态去面对暂时的成功。美国最新的研究证明，成活十年的企业，才可以算是创业成功的企业。因为一个企业要建立自己相对稳定的盈利模式，需要对市场进行长时期的研究和适应。是否具有团队协调能力？是否会识人、用人？是否善于发现和预知市场？这些能力其实很大成分是创业者在创业过程中日积月累的一种直觉。因此，只要有勇气和信心，能力会慢慢提高。

3. 创业成功与否取决于创业者的素质

有资料表明：在新办企业开业后的第二年，约有 50%的企业会倒下；到了第三

中职生创业指导

年，存活下来的小企业只有 30%；到了第八年，存活的企业仅有 3%。

分析近年来青年创业的案例，可以得出这样的结论：创业成功的，大都是意志坚定、不屈不挠、不甘落后、自强不息的人；创业失败的，大都是对创业过程中出现的困难和坎坷估计不足，在市场变化、家庭变化以及意外事件来临时，不能很好地调适自己的心态，放弃了继续创业的决心。

4. 不断学习，不断调整

所谓自身条件评估，就是要思考一下你是否为你的创业做好了心理和生理的准备？资金和场地的准备？是否做好了应对失败和成功的思想准备？你是否具备了经营管理一个企业的基本技能？如果在评估中发现自己哪些素质还有欠缺，就要注意在创业中不断学习提高，以适应创业的需要。

☺ 创业导师提示

成功的路从来就没有平坦的。决定创业是否成功的主要因素，还是创业者的本人素质。创业项目的成功与否，并不完全取决于资金、市场和营销，最关键还取决于创业者的素质。

（三）市场需求分析

这部分内容既是选择创业项目的关键内容，也是一个创业者必须学会的经营企业的第一步。任何成功的企业，都是以市场需求为导向的。任何有市场的产品都是满足顾客某种需求的，所以说，企业的产品最终是由顾客来决定的，没有需求就没有市场前途。图 2-7 所示为市场需求分析的考虑因素。

✿ 摩托罗拉的"铱星"

现代市场，是需求决定产品而不是产品决定需求。摩托罗拉的"铱星通信系统"，是世界上最先进的技术，在当时还被评为美国最佳科技成果。但"铱星"运营一年，损失 100 亿美元，最后不得不悲情陨落。这个典型的商业案例告诉我们：没有市场的产品再好也注定会失败。

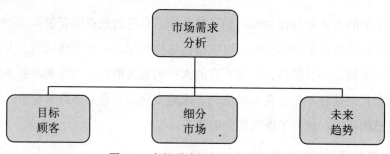

图 2-7　市场需求分析的考虑因素

1．找到了市场需求就找到了利润之源

如何确定目标顾客和细分市场？为了确定你的产品或服务是否有市场需求，首先需要找出你的目标顾客，即你要卖给谁？顾客的利益是你行动的唯一指南。

2．根据地域、文化、年龄、消费者偏好以及宗教等社会因素来细分市场

（1）地域

你的目标顾客分布在哪些地区？在消费习惯上有什么异同？是本地顾客还是外地顾客？你的产品销售范围是国内市场还是国际市场？

（2）目标群体

你的产品是为谁服务的？谁最需要你的产品？对需要你产品的目标顾客按照年龄、性别、家庭收入、职业等进行划分，对批发客户可按行业、规模等划分一下。

（3）购买力与经营规模估计

你的销售额预计可达到多少？顾客需要的周期如何？各类顾客分别需要什么样的产品特性？你的产品可以满足顾客的哪些需求？

（4）顾客心理分析

你的顾客属于社会哪个层次？基本生活习惯和特点有哪些？

（5）顾客购买行为

顾客购买你的产品的动机是什么？你的产品的使用时间、频率和方式是怎样的？你的产品如何获得顾客的信赖？

表 2-10 为个人目标顾客调查表。

中职生创业指导

表 2-10　个人目标顾客调查表　　　　　　　　　日期：

标有★号的行目是重要的区分标准，必填；

标有☺号的行目需要特殊的市场分析，可忽略

顾客类型：--	★
地区/范围：--	★
地区范围大小：--	★
人口密度：--	★
年龄：--	★
性别：--	
家庭规模：--	★
婚姻状况：--	★
收入/购买力：--	★
职业类型：--	★
受教育程度：--	★
使用该产品的目的：--	☺
对产品的认识程度：--	☺
对产品的评价：--	☺
预期月销售额：--	

　　目标群体有多大，将直接决定你的市场有多大。在分析目标群体有多大的时候，要重点思考三个问题：

　　① 目标群体的数量有多少

　　目标群体的数量直接决定了利润空间的高低，因此，在选择进入一个行业之前，一定要做系统的分析，目标群体数量越大，发展的空间才会越大。

　　② 产品是否符合目标群体的特点

　　没有万能的产品，只有符合特定目标需求的产品。我们应当针对自己的目标群体，提供满足这一人群特点和需求的产品和服务，只有这样，开发出来的产品和服务才能最大限度地得到认可和接受。

　　③ 目标群体是否具有稳定性和增长性

　　这需要我们对现状和未来趋势进行综合分析与把握。

　　认真调研，然后填写表 2-11，对创业者分析目标客户会有帮助。

表 2-11　企业目标客户调查表　　　　　　日期：

标有★号的行目是重要的区分标准，必填；
标有☺号的行目需要特殊的市场分析，可忽略。

顾客类型：--	
行业：--	
规模（销售额）：---	
人数：--	★
驻地/地区：---	★
服务范围：---	★
消费该产品的目的--	★
购买标准：---	☺
现有供应商：--	★
企业文化特色：---	☺
购买类型：---	
月均订货量：--	
信誉：--	

　　市场分析需要思考的步骤和问题如表 2-12 所示。

表 2-12　市场分析

序　号	步　　骤	问　　题
1	信息需要	我应该了解顾客的哪些问题？ 我的销售对象是哪类人？ 目前市场上有哪些同类服务？ 我应该了解竞争对手的哪些情况？ 我应该对公司驻地周围做些什么调查？ 我应该了解本行业的哪些情况？
2	信息渠道	从哪里可以得到信息数据？ 在哪里可以找到创业导师？ 哪些数据库和市场报告分析是对我有用的？
3	顾客情况分析	怎样了解顾客对我的经营项目的反应？
4	竞争情况分析	怎样对竞争对手进行分析？ 调查分析中的哪些结论是对我有用的？
5	经营场地分析	如何选择合适的经营场地？ 我怎样知道这个场地对我是否适合？
6	总体分析	预计经营项目的市场潜力如何？
7	结论	从市场分析中可以得出什么结论？
8	备注	

3. 没有顾客，企业无法生存

创业就意味着你在为自己工作，没有谁可以给你和你的员工发工资。时刻要谨记：顾客是你的上帝，只有顾客不断购买你的产品或服务，你的企业才可以生存下去。因此，在创业的过程中，有很多繁杂的事情需要你去处理，但是，找到你的目标客户，与老客户建立良好的关系，并且不断赢得新客户，是最重要的一件事。

4. 掌握了趋势就掌握了未来

成功的企业家们正是凭着一种对未来趋势的直觉而比别人先抓住了市场未来的需求，从而成了高瞻远瞩者。成功永远属于勇者！你要做的就是把目光放远，紧紧地抓住趋势。你必须对该产品的未来趋势做一个深入的研究：未来它是属于朝阳行业还是夕阳行业？估计一下，未来十年内这个产品的市场有多大，走向如何？

5. 要对本行业进行充分的咨询和调研

① 创业者应该跟从事过本行业管理的开业指导专家咨询；② 或者向本行业自主创业并且成功经营的企业家咨询；③ 创业者本人亲自到市场实地考察；④ 向目前正在经营同类或类似产品的商店了解他们的经营状况；⑤ 分析国家宏观经济形势，对项目的未来发展趋势和潜在市场、目标客户进行分析研究。

6. 到工商联合会了解行业信息

在确定创业项目之前，你还应该去一趟当地的工商联合会或者行业协会，因为那里可以给你提供关于创业和该行业的基本情况。

☺ 创业导师提示

没有创业经历的人，在创业问题上只能给你提供十分有限的帮助，因为他们没有亲身经历过自主创业。一个惧怕经营风险的人，不但不会给你动力，反而会向你提出种种疑虑，阻碍你事业的发展。因此，找一位体会过什么叫"自负盈亏"的、深知独立经营中存在着哪些陷阱、圈套的顾问和专家，才能真正给你帮助。

（四）盈利模式探讨

1. 盈利模式决定企业成败

企业的目标是追求利润最大化，创业者的任何决策都是为了企业的生存。如果你细心观察一下市场，就会发现一个有趣的现象：有时即使是经营同类商品的企业，盈利状况竟然会截然不同，这其中的奥妙在哪里？

谁能够持续获得比同行更高的利润，谁能设计出适合而且有效的盈利模式，谁就是真正的赢者。在过去的 30 年里，世界上 90%的公司都未能取得持续的利润增长。如果将国内所有大中型企业清盘的话，有不低于 70%的公司是亏损而且是资不抵债的。中国企业平均寿命只有 6～7 年，民营企业平均只有 2.9 年，生存超过 5 年的不到 9%，超过 8 年的不到 3%。

究竟是什么原因导致了大量的企业走向失败？如图 2-8 所示的冰山理论告诉我们，任何企业的失败都有其根源，有的是显现在外边的，被称为冰山上部分，而有时真正的根源确实容易被创业者忽略而成为其看不到的潜在因素，也就是被称为冰山下的那些因素，那部分因素才是最要紧的。

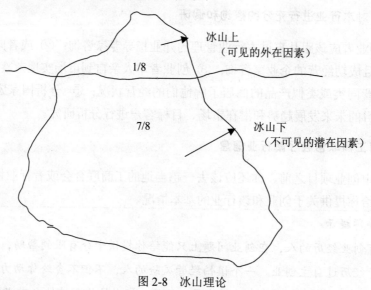

图 2-8　冰山理论

☺ 创业导师提示

通过对 300 多家中外企业失败案例的剖析发现，因为战略原因而失败的只占 28%，因为执行原因而夭折的企业只占 25%，但因为没有找到合适的盈利模式而走上绝路的却占 47%。美国兰德公司曾对 1 000 家破产企业进行过研究，结果表明，有 45%以上的企业也是因为盈利模式的设计失误，致使企业陷入困境，最后破产。

2．研究同行的盈利模式

任何企业的经营都会受到可控和不可控的因素影响，有时相同的错误会普遍发生。因此，观察其他企业的做法、处境，以及如何引进产品和推销等，可以获得很多经验教训。研究与你要创建的类似的公司或者要生产的类似的产品，可以使你冷静地认识市场需求，帮助你找到合理的盈利模式。

> ☼ **巴黎商学院的"经营黄金法则"**
>
> 举世闻名的巴黎商学院有 10 条关于企业经营管理的"黄金法则"，其中一条就是："经商最重要的不是资金，不是人才，而是盈利模式。"经商的根本目的是赚钱；赚钱的核心是盈利模式。

3．寻找最佳的盈利模式

你必须要遵循一个原则：任何模式都应以顾客的需求、市场策略和经营特色为中心。

4．好的盈利模式的特点

（1）好的盈利模式必须可以同时满足顾客和企业的需要；

（2）好的盈利模式应该是满足顾客愿望或解决因顾客不满而研究出来的对策；

（3）好的盈利模式一定具有自己的特色，可以使顾客离不开你的产品或服务。

> ☺ **创业导师提示**
>
> 不少创业者的一大缺点，是他们每天宁愿花费大量的时间去思考公司重大决策方面的事情，投入大量的人力物力去精心运作和执行，却不肯多花费一点时间来考虑、设计适合自己的盈利模式，使公司长期在利润区外徘徊，却总是找不到进门的钥匙。
>
> 在企业的战略与运营之间其实存在这样一个被人忽略的规律，找到了它，成功的企业能更加稳固，平凡的企业可以焕发新生，流动的资本就会找到利润区，这个规律就是盈利模式。

（五）竞争优势研究

1．知己知彼，百战不殆

你必须首先找出你的竞争者，然后要像了解你自己一样了解你的竞争者：他们的产品和你的有什么异同？目前他们的市场份额如何？他们都有哪些营销策略？要清楚哪些人在跟你做着同样的事，掌握和分析他们的信息，才可以找到自己的生存空间。

2. 想顾客之所想

除了向成功的企业家学习之外，绝对以顾客的利益和市场需求为行动指南是你创业中的第二条重要准则。如果你比竞争者想得更周到，做得更完美，你一直致力于做顾客的"贴心人"，那你就可以战胜你的竞争对手，取得出类拔萃、与众不同的成果。

3. 急顾客之所急

你还应尽量避免过于看重自己的观点和能力。如果你是一个固执的创业者，往往容易忽视团队的意见，甚至忽略顾客的需求。如果你的产品不符合市场需求时，你就会立刻失去竞争的优势，把市场白白送给你的竞争者。

4. 市场始终如逆水行舟

如果你不注意研究竞争者，那么突然有一天，你会发现原本属于你的"奶酪"减少了，被你的竞争者在不知不觉中抢去了。经营永远是"不进则退"，市场永远没有停止变化的时刻。

> ✿ **商场如战场：兵不厌诈**
>
> 创业者刚成立的微小企业经常要靠给大企业做小伙伴来站稳脚跟。有 A、B 两家公司在同时竞标一个大企业的配件生产订单，A 公司为了确保自己的报价可以在竞标中取胜，就想知道对手的报价。为了获得 B 公司的生产成本，他们找到一个咨询公司来协助获取这个数据。
>
> 然后一个大学生自称是要完成一个关于生产线结构设计的毕业论文，来 B 公司参观实习。这家公司的生产主管就在谈话间毫不设防地泄露了非常详细的生产成本数据，其实这个大学生并不是要完成毕业论文的数据分析，而是在为 A 公司的咨询业务收集资料。结局大家就可以猜到了。

中职生创业指导

☺ 创业导师提示

　　为了掌握竞争对手的情况，有时人们会采取各种手段。毕竟要做到知己知彼并不是一件很容易的事。一旦找到竞争对手的弱点，针对他的弱点差异化地设计你的产品和服务，你就可以赢得顾客，在竞争中获得优势。

5. 找出竞争对手的弱点

　　至少要找出 10 位和你具有相同客户群体的竞争对手，他们就是和你同分一块市场蛋糕的对手，或者说你要从他们的手里抢过更多的蛋糕，你的企业才会有立足之地。你要分析对手，才可以战胜对手。

6. 重视创业导师的意见

　　企业经营管理咨询并非只有大企业才需要，对所有的创业者来说，在创业伊始去请教有创业经验的创业导师，是非常必要的。

✿ 精明的装潢商：对竞争者做全面的分析

　　一位我们辅导过的创业者，把自己的成功归结为他对竞争对手的全面分析。为此他还设计了一个表格，里面是他的 10 位竞争对手的详细情况：员工组成、成本结构，甚至某段时间他们的工程进度他都了解得一清二楚。

　　除此之外，他对竞争对手的优点和弱点也了如指掌。"我有时甚至亲自去他们的工作场地考察，然后问一问他们的顾客对他们的反映，看看现场就会对他们的成本开支有个基本的概念了"，这样他对市场的细微变化就都时刻掌握在心中了。

　　每当竞标时，就算员工加班到凌晨，他也要在第一时间第一个把标书和演示 PPT 送给客户，而且报价总是最符合市场行情的，因此他的公司红红火火。

7. 与顾客要"亲密接触"

　　几乎每一个成功的创业者都能够灵敏地捕捉到顾客的需要和渴望，以及市场最细微的变化，并能快速对需求的变化和发展的趋势做出反应。要掌握市场的第一手资料，就应该亲自去目标客户那里体验一下。

　　例如：如果你想给物流业开发一套软件，你就得想一下，是不是应该到哪个物流公司去实习一下？如果你想给小学生提供服务，你就需要细心观察小学生的生活起居，只有如此，你才可以找到他们真正的需求所在。

> ✿ **雅诗兰黛的成功在于重视消费者的不同偏好**
>
> 雅诗兰黛最初的产品是针对老年人和青少年的，后来的倩碧定位却是为拥有微型汽车而没有时间化妆的中年妈妈生产的护肤品。对于年轻人，他们设计了自然原料生产的阿维达品牌，当然他们也没忘记做大众品牌，可以供应诸如沃尔玛这样的大超市。

☺ **创业导师提示**

在确立项目时，既要了解市场和顾客，也要了解竞争者。建议做一个《竞争者情况分析》，把你的竞争者情况列入表中，对他们的情况做一个全面分析。你应该通过这个分析来确定公司的特色和经营策略。

把你了解到的竞争对手的情况填入表 2-13，然后进行竞争情况分析。

表 2-13　竞争情况分析表

竞争者名称：

1. 产品和服务：

2. 市场定位/销售对象：

3. 销售额：

4. 利润：

5. 员工数量：

6. 投资能力：-----（5—很强；4—强；3—一般；2—弱；1—很弱）

7. 生产负荷：------（5 4 3 2 1）

8. 销售范围：

9. 竞争者实行哪种策略（选择者打√）

A. 市场补缺者

B. 附加促销品（超值服务）

续表

C．价格领先者

10．未来市场和销售对象：--

11．目前最盈利的产品和服务

产品	销售额	比例/%

12．未来最盈利的产品和服务

产品	销售额	比例/%

13．获得成功的方法

方法一--

方法二--

方法三--

14．竞争者优缺点分析

优点：

缺点：

15．竞争者价格

产品品种	价格

图 2-9 所示为初次创业者应该记住的关键内容。

（1）问卷调查

如果条件许可，你也可以在你的目标市场中，针对未来的顾客群做一个问卷调查：你把你未来的产品或服务进行一个描述，在问卷中调查顾客对它的反应，通过这个调查，你可以确定这个项目是否可行。

（2）商机评估

如果你的创业项目经过商机评估的结果是不够完美，发现市场或竞争情况并不是十分理想，或者在顾客调查时发现你的经营设想并不被大家看好，这并不意味着

第二章 如何选择创业项目

你不可以创业，而是意味着你要重新设计一个新的创业项目。

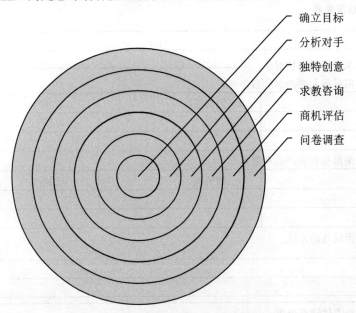

确立目标
分析对手
独特创意
求教咨询
商机评估
问卷调查

图 2-9　初次创业者应该记住的关键内容

（3）求教咨询

多跟有经验的成功创业者交流，他们可以凭借在创业过程中对企业管理的经验来为同样是创业者的你提供信息、提出建议。一位成功的企业家会给你系统实用的建议，把你逐步引向成功之路。

（4）独特创意

记住这个重要的经营准则：以市场需求为导向，了解你竞争对手的优势和劣势。对你项目所在的行业了如指掌，你才可以在同类中脱颖而出，做出你的特色，产品才会与众不同，你的企业才可以在市场上立足。

（5）分析对手

以市场需求为导向的经营战略包括：首先对顾客的需求和竞争对手的情况做一次深入的分析，其次推出符合市场需求的服务和产品。

（6）确立目标

只有你的商品或者服务被市场看好时，人们才会来购买它，钱就会滚滚而来，你就可以用这些钱来扩大业务。"确立自己可达到的目标，然后去实现这些目标！"

在创业的初始阶段，你也可以同时考虑几个创业项目，然后通过商机评估来确定哪个项目值得经营。一个充分的市场调研可以给你一个有效的判断，通过以上这些可行性研究可以确定你的创业项目是不是潜在成功的。理性选择你的创业项目，是你创业成功的第一步。

第三节　了解自己的潜意识，做到知己知彼

如果将人类的整个意识比喻成一座冰山，那么浮出水面的部分就是属于显意识的范围，约占意识的1/8，换句话说，7/8隐藏在冰山底下的意识就是属于潜意识的力量。

潜意识测试：认真地做下面这个测试，看看你潜意识里，适合什么类型的角色？

这个测试是菲尔博士在美国著名女黑人主持人欧普拉的节目里做的，答案要依你现在的情况来选择。

1. 你何时感觉最好？
a. 早晨　　　　　　b. 下午及傍晚　　c. 夜里
2. 你走路时是_____。
a. 大步地快走　　　b. 小步地快走　　c. 不快，仰着头面对着世界
d. 不快，低着头　　e. 很慢
3. 和人说话时，你_____。
a. 手臂交叠地站着　b. 双手紧握着　　c. 一只手或两手放在臀部
d. 碰着或推着与你说话的人
e. 玩着你的耳朵、摸着你的下巴或用手整理头发
4. 坐着休息时，你的_____。
a. 两膝盖并拢　　　b. 两腿交叉　　　c. 两腿伸直
d. 一腿蜷曲在身下
5. 碰到你感到发笑的事时，你的反应是_____。
a. 一个欣赏地大笑　b. 笑着，但不大声
c. 轻声咯咯地笑　　d. 羞怯地微笑

6. 当你去一个派对或社交场合时，你_____。

a. 很大声地入场以引起注意

b. 安静地入场，找你认识的人

c. 非常安静地入场，尽量保持不被注意

7. 当你非常专心工作时，有人打断你，你会_____。

a. 欢迎他　　　　　b. 感到非常恼怒　　　　　c. 在以上两极端之间

8. 下列颜色中，你最喜欢哪一颜色?

a. 红或橘色　　　　b. 黑色　　c. 黄或浅蓝色　d. 绿色

e. 深蓝或紫色　　f. 白色　　g. 棕或灰色

9. 临入睡的前几分钟，你在床上的姿势是_____。

a. 仰躺，伸直　　　b. 俯躺，伸直　　　　　c. 侧躺，微蜷

d. 头睡在一只手臂上　　　　　　　　　e. 被盖过头

10. 你经常梦到你在_____。

a. 落下　　　　　b. 打架或挣扎　　　　c. 找东西或人

d. 飞或漂浮　　　e. 你平常不做梦　　　f. 你的梦都是愉快的

★记分方法：把你所选各项的对应分数加起来。

1. a. 2　　b. 4　　c. 6

2. a. 6　　b. 4　　c. 7　　d. 2　　e. 1

3. a. 4　　b. 2　　c. 5　　d. 7　　e. 6

4. a. 4　　b. 6　　c. 2　　d. 1

5. a. 6　　b. 4　　c. 3　　d. 5

6. a. 6　　b. 4　　c. 2

7. a. 6　　b. 2　　c. 4

8. a. 6　　b. 7　　c. 5　　d. 4　　e. 3　　f. 2　　g. 1

9. a. 7　　b. 6　　c. 4　　d. 2　　e. 1

10. a. 4　　b. 2　　c. 3　　d. 5　　e. 6　　f. 1

★测试结果

【低于 21 分：内向的悲观者】人们认为你是一个害羞的、神经质的、优柔寡断的，是需人照顾、永远要别人为你做决定、不想与任何事或任何人有关联的人。他们认为你是一个杞人忧天者，一个永远看到不存在问题的多虑人。有些人认为你令人乏味，只有那些深知你的人才知道你不是这样的人。

【21 分到 30 分：缺乏信心的挑剔者】你的朋友认为你勤勉刻苦、很挑剔。他们认为你是一个谨慎的、十分小心的人，一个缓慢而稳定辛勤工作的人。如果你做任何冲动的事或无准备的事，都会令他们大吃一惊。他们认为你会从各个角度仔细地检查一切之后仍经常决定不做。他们认为对你的这种反应的根源，一部分是因为你的小心的天性所引起的。

【31 分到 40 分：以牙还牙的自我保护者】别人认为你是一个明智、谨慎、注重实效的人。也认为你是一个伶俐、有天赋有才干且谦虚的人。你不会很快、很容易和人成为朋友，但是，是一个对朋友非常忠诚的人，同时要求朋友对你也有忠诚的回报。那些真正有机会了解你的人会知道要动摇你对朋友的信任是很难的，同样，一旦这种信任被破坏，会使你很难过。

【41 分到 50 分：平衡的中庸之道】别人认为你是一个新鲜的、有活力的、有魅力的、好玩的、讲究实际的而永远有趣的人；你经常是群众注意力的焦点，但是你是一个足够平衡的人，不至于因此而昏了头。他们也认为你亲切、和蔼、体贴、能谅解人，一个永远会使人高兴起来并会帮助别人的人。

【51 分到 60 分：吸引人的冒险家】别人认为你是一个令人兴奋的、高度活泼的、相当易冲动的人；你是一个天生的领袖、一个会很快做决定的人，虽然你的决定不总是对的。他们认为你是大胆和冒险的，会愿意尝试做任何事，是一个愿意尝试机会而欣赏冒险的人。因为你散发的刺激，他们喜欢跟你在一起。

【60 分以上：傲慢的孤独者】别人认为对你必须"小心处理"。在别人的眼中，你是自负的、以自我为中心的、是个极端有支配欲、统治欲的人。别人可能钦佩你，希望能多像你一点，但不会永远相信你，会对与你更深入的来往有所踌躇及犹豫。

1. 创业需要激情，更需要理性

经过测试，你对自己加深了认识，结合前边的自身条件评估，请你认真思考一下：你的性格适不适合创业？创业需要激情，更需要理性。只有做好了创业的准备，才可以创业。

第二章 如何选择创业项目

2．三百六十行，行行出状元

一旦你觉得你既有创业的激情又具备创业的条件，那就不要浪费时间，立刻开始你的创业行动。但你觉得不适合创业时，也不要气馁或者勉强，因为都说三百六十行行行出状元，成功和成才也不是只有创业一条路。

3．不要做业余创业者

创业是一种生活方式，不要有以下两类错误心态：① 工作觉得没意思，想业余时间创业试试；② 创业者在第一个创业项目还没有完成时，同时又开始搞第二个，想多一道保险。

☺ **创业导师提示**

创业者必须心无旁骛，专一执着！

第四节　案 例 学 习

◇ **案例1　把小生意做成大事业**

吴利忠开始创业时，选择的都是一些大多数人认为可以发大财的项目，但是，他几经坎坷，不仅没有赚到钱，还亏空了十几万元的创业资金。但他并没有一蹶不振，而是每天都去沈天智老师傅炸臭豆腐的摊位前，一蹲就是半天。

原来他发现，这位老人炸的臭豆腐拥有很多的回头客，生意非常兴隆。经过多日的观察之后，他决定拜沈老先生为师，学习制作臭豆腐的技术。沈天智坚决地拒绝收他为徒，就连沈家的儿子也反对他学这个，现在的年轻人，谁会去学这个？但是，只有吴利忠本人，坚定地认为这个可行，并且还跟亲戚朋友借了一万元当学费，请求沈天智教他制作臭豆腐，在他的真诚感动下，沈天智就把自己六十年制作臭豆腐的技术毫无保留地教给了他。

吴利忠学会制作臭豆腐以后，没有像沈天智那样，摆摊炸臭豆腐，而是在浙江省上虞市开了全国第一家臭豆腐专卖店，并起名为"六十年老磨坊"，因为口味地道，价格便宜，仅仅5分钱一碗，因此顾客盈门，生意非常火爆。但是，吴利忠的雄心不仅仅是开一家这样的臭豆腐店，他又从浙江绍兴开始，搞起了特许经营，在全国开起了臭豆腐连锁店。吴利忠终于实现了自己的梦想，成了一个成功的企业家，他用超人的智慧和胆略，把小生意做成了大事业。

☺ 创业导师提示

　　就像一首歌里唱的那样："没有人可以随随便便成功。"成功有时靠的就是创业者不同一般的思路。俗话说得好："有思路才会有出路，有作为才会有地位。"在创业的路上，有时需要的恰恰是发现一般人没有看到的机会，或者说，做了一般人不屑去做的事，最后把平凡的事做到了不平凡。创业无大小，在成功者面前，财富无处不在，就看你有没有一双发现的慧眼。

◇ 案例2　1美分垒起的大富翁

　　20世纪80年代末，美国斯坦福大学有一位名叫默巴克的普通学生，他利用闲暇时间承包了学生公寓的打扫工作。第一次打扫学生公寓时，默巴克在墙角、沙发缝、学生床铺下面扫出了许多沾满灰尘的硬币，这些硬币有1美分、2美分和5美分的。默巴克将这些硬币还给同学时，谁都没有表现出丝毫的热情。

　　此后，默巴克给财政部和央行写信，反映小额硬币经常被人丢掉的事情。财政部很快就给默巴克回了信，信上说："每年有310亿美元的硬币在全国市场上流通，但其中的105亿美元正如你所反映的那样，被人随手扔在墙角和沙发缝中睡大觉。"看到这样的回信，如果换作一般人也许只会发出一声感叹，之后也就不了了之。但是默巴克的脑子里却偏偏冒出了这样一个想法：如果能使这些硬币流通起来，利润该有多么可观！

　　两年之后，默巴克从斯坦福毕业了，他很快成立了自己的"硬币之星"公司，推出了自动换币机，与一些连锁超市建立合作关系，共同经营换币业务。这样一来，顾客只要将自己手中的硬币投入换币机，机器就会自动点数，打印收条，顾客可以凭收条到超市服务台领取纸币现金。而自动换币机将收取9%的手续费，这笔费用由默巴克与超市按比例分成。

第二章　如何选择创业项目

只用了短短 5 年时间，默巴克的公司就在美国 8 900 家主要连锁超市中设立了 10 800 台换币机，并成为纳斯达克的上市公司。默巴克也从一个一文不名的穷光蛋，变成了万人瞩目的大富翁。

☺ **创业导师提示**

若你心目中认为有一个创业项目可以去发展，应该大胆付诸实践。而开始行动的第一步，是先做资料搜集和各项准备工作。经营的根本目的是赚钱，赚钱的核心是盈利模式。

任何一位成功者都是从小做起的，他们的成功依靠的是不同于常人的思路和创新的精神。选择一个你认为最合适的创业项目，循序渐进，不怕困难，踏踏实实地去做，成功就在你的面前！

课后思考题

1. 你理想中的企业应该是什么样的？
2. 你认为创业成功最关键的因素是什么？
3. 创业和就业的区别在哪里？

第三章 如何制定初创企业的经营方案

📖 **本章要点**

　　通过本章的学习，使创业者掌握选择创业项目经营场地的原则和方法，提醒他们选择场地时应注意哪些陷阱，学会怎样制定企业的经营方案，明白企业经营目标、经营策略、经营宗旨和经营理念对企业发展的重要性，以及如何把企业目标制定分解成小目标。

第一节 选择创业经营场地的要点

一、线下实体的创业场地要靠近你的目标客户群体

　　不同的行业需要不同的场地，在选择场地时，首先应该考虑的是是否和你的行业吻合。比如你要开一个办公服务配套型公司，就应该选择在办公楼宇聚集区；如果你是要开大型制造或者生产的工厂，就要选择在郊区比较空旷的场地；如果你是开茶坊，就要在喧闹的市区；如果是开有情调的咖啡馆，就要看你的定位是面向居民、白领还是大学生，选择目标人群集中且相对幽静的地方。总之，你公司的氛围一定要跟周围的环境协调一致，并且，要尽量靠近你的目标客户群体。

> ☆ **"饿了么"开始就诞生在上海交大的学生宿舍里**
>
> 　　"饿了么"是近年来被大家熟知的互联网订餐平台，在刚开始创业的时候，创始人张旭豪还是一位上海交通大学一年级的研究生的学生。那时，他们仅仅有一个想解决学生送餐问题的想法，还没有完整的商业模式，于是，他们就在学校宿舍里，开始研究他们的订餐平台雏形。

　　因为项目的目标客户就是大学生，因此，他们在宿舍里开始创业，也可以随时听到大学生的反馈，使平台在短时间内可以不断迭代、日趋完善。

　　图3-1为"饿了么"的四大创始人，创业之初均为在校大学生。

图 3-1　"饿了么"的四大创始人

二、互联网创业可以不受时间和空间的限制

　　互联网打破了时间和空间对人的约束，可以不用租房就可以开始创业。甚至有很多在抖音、快手上做推广和在手机上做直播、微商的创业者，就在自己的家里或者工作之余进行创业。

　　目前在国家"大众创新，万众创业"的倡导下，很多城市都开设了创业园区，在大学里也都开办了创业园区和孵化基地，这些地方通常会给首次创业的年轻人提供三个月至半年免费的场地，以及方便的注册流程和优惠的财税政策。对于中职生创业，学校也都是大力支持的，有很多中职学校，也开出了专门的场地，供学生们做创业实训或者是尝试创业。

　　✿ **上海帝亚实业有限公司**

　　上海帝亚实业有限公司（见图3-2）是一家专注于网络零售的电子商务公司，从最初6人的创始人团队发展至今团队规模已扩充至230人，并在北京设分公司，年销售额达到4亿元。公司保持以每年2倍以上的发展速度，在京东、天猫等平台拥有50余家商城店铺，并且集团在电商市场成功与多个知名品牌深度合作。

公司自有仓储面积 12 000 平方米，日均发出数万个邮寄包裹。公司创始人王星积极参与觉群大学生创业基金公益项目，于 2017 年和 2018 年担任觉群大学生创业基金创业导师，参与资助项目的评审工作。2018 年 8 月，公司向上海觉群文教基金会捐赠 30 万元支持"觉群大学生创业基金"的发展。

图 3-2　上海帝亚实业有限公司

三、中职生初次创业选址尽量考虑在创业园区或学校的孵化基地

中职生一般年龄都比较小，如果你有了一个创业的想法，首先应该选择一个成本相对较低的场地来试运营。很多创业的知识需要在试运营阶段进行验证，在实践中才能有"纸上得来终觉浅，须知此事要躬行"的切身体会。

在真实的商业环境下运营自己的企业，磨合之前设想中的商业模式，不断迭代、不断完善，直到可以独立经营，就可以走出孵化基地，到更宽广的天地里飞翔了。

☼ **上海奉贤中专为中职生创业把关、导航**

上海奉贤中专探索中职学生的创业教育模式，在校园里搭建了由孵化区、哺育区、成长区、放飞区四个部分组成的"创业教育实践基地"，让中职生在校园里就可以尝试创业、体验创业。同时，他们还搭建了创业教育课程体系。该体系由五大模块组成，即：创业教育课程、创业教育实践、创业教育保障、创业教育文化和创业教育评价。

第三章　如何制定初创企业的经营方案

中职生创业指导

　　2019年，奉贤中专通过了由上海市人社局和教委联合组织的"创业指导站建站评估"，准备更进一步打造创业教育升级版，把创新教育融入创业教育，真正实现"用创新引领创业"，着重培养中职生的创新意识、挖掘创新潜能，力争为国家培养更多的具有创新创业能力的人才。

☺ **创业导师提示**

　　总的来说，在选择场地时要考虑的因素很多，但是最根本的一个原则就是是否方便顾客上门，是否有利于企业经营。要充分利用好国家对创业有关的支持优惠政策，这一点很关键。

四、按照创业场地综合评估表（表 3-1）给选定的场地做一个全面评估

　　在选择经营场地时，除了要考虑目标客户和竞争情况外，还需考察其基本设施是否齐全、交通是否便捷、物流系统是否通畅、能源供应是否充足、劳动力成本高低、是否符合政府关于经营项目的环境规定等，甚至当地对创业者的支持力度，都是很重要因素。

　　评分标准：

　　（1）重要性：5～1，重要性递减。

　　（2）满意度：5～1，满意度递减。

　　（3）得分：重要性分×满意度分=场地总评价。得分最高的应该就是最佳选择。

表 3-1　创业场地综合评估表

考察因素	重要性	地点 1		地点 2		地点 3	
		满意度	得分	满意度	得分	满意度	得分
接近顾客							
交通物流							
环境设施							
招工水平							
竞争情况							
房　　租							
市政规划							
总　　分							

第二节　成功企业的经营宗旨和特点

一、企业的经营宗旨

企业的经营宗旨通常也叫企业的经营原则，也就是创业者日常的行为规范。

无论如何，创业者通过制定企业经营原则来对自己有约束和原则，一定是对成功有助力的。就像有的企业，从建立第一天开始就确立"不制售假货"的原则，时刻提醒自己，以消费者利益为重。

☼ **张贴在广建大门口的企业经营宗旨**

　　唐山广建集团的经营宗旨就用大字写在了工厂进门处的醒目位置："以严求治、以质求存、以信求立、以量求益"，客人和职工一进门就看到这四句话，顿时给人一种管理严格、规范的感觉。可见，经营原则不仅对企业自身管理有约束作用，对客户也有提升企业形象的作用。

☼ **某创业者的经营原则**

- 顾客永远是上帝。
- 真诚合作，用人不疑。
- 进了企业门，就是一家人。
- 牢记经营目标，不断超越自己。
- 永远乐观，永不抱怨。

☺ **创业导师提示**

　　通常情况下，经营宗旨不应超过五条。

二、成功企业的经营要素

列夫·托尔斯泰在他的作品《安娜·卡列尼娜》中写道："幸福的家庭总是相似

的，而不幸的家庭各有各的不幸。"与之相似的结论同样适用于企业。成功的企业在创建过程或经营策略中都存在着共性的规律，而失败的企业则各有各的原因。图3-3为成功企业的经营要素。

1. 满足顾客需求

成功的老板都把顾客的需求、愿望和梦想作为他的商业机会去研究，并且致力于满足他们。因此，不断研究顾客新的需求，然后去想如何满足顾客的这些需求，就是他们研制新产品的动因。

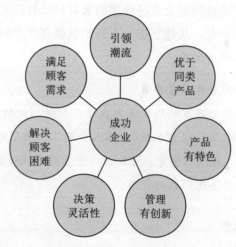

图3-3　成功企业的经营要素

> ✿ **松下家用烘干机的诞生**
>
> 　　松下公司为了开发新产品，开发人员曾经把一群家庭主妇召集到一起，请她们想还有什么需求？生活中还有什么不方便的事？还有什么愿望没满足？
>
> 　　结果，时隔不久，松下公司就推出了家用小型烘干机，专门为阴雨天烘干内衣而准备的，一下子在市场上引起轰动，给松下带来了可观的经济效益。

2. 解决顾客困难

成功的企业经营的产品一般都以解决顾客的困难为出发点，而不是从企业现在的开发能力出发去考虑问题。如：如家酒店的老板，就是从顾客抱怨"哪里有又便宜又干净的酒店？"带来灵感，借鉴欧美完善成熟的经济型酒店模式，为商务和休闲旅行等客人提供"干净、温馨"的酒店产品，倡导"舒适生活，健康自在"的生活理念，从而在昂贵的商务酒店中独树一帜，开出了学生和白领都喜欢的如家快捷酒店。

成功的产品设想十分注重开发产品的功能，力求有特色，甚至改变人们的生活消费习惯，在市场中脱颖而出。如：九阳豆浆机磨豆、煮熟一体化的简洁自制豆浆方式，不仅改变了传统豆浆的制作工艺，而且还赢得了市场。

3．优于同类产品

成功的产品设计经常注意吸收同类产品的优点，同时又高于同类产品。如：彩色电视机替代黑白电视机，液晶显示器替代笨重的显示器。

4．引领潮流

成功占有市场的产品通常都是赶超潮流，或者领先于时代的。如：微波炉的产生，就替代了老式电饭煲、电炒锅，成为新的潮流。

5．决策灵活性

很多创业成功的人在回忆他们的创业历程时，都认为企业经营的重要内容就是灵活性和创造性。比如说，你在一个地方没有实现经营计划，而在当今的环境下，你也无法改变，在这里你的经营才能无法发挥，那创业指导专家就建议你另外寻找一个经营场地。

6．管理有创新

企业管理有其自身的规律和方法，不仅企业和产品处在不同的生命周期时，管理方法应该有所不同，而且即使是同类企业里，管理创新"不走寻常路"，往往也是企业胜出的法宝。如戴尔公司的"为客户定制"策略，振华港机的"振华功臣"退休后每月补足退休金一万元，松下的"永久雇佣制"等，都是创业者的管理创新。

三、创业成功者的经验值得借鉴

俗话说：他山之石，可以攻玉。向别人学习经验，可以使自己少走弯路。我们常说：榜样的力量是无穷的。就等于先行者已经在你的前边走出了一条上山的路，你可以沿用他的方法或路线登山，但是并不等于说你必须走这条路，学习别人的经验，应该借鉴而不是照搬。也就是说，你完全可以另辟蹊径，自己另开一条登山的新路出来，但是开路和借路的成本肯定是不同的。

☆ **创业成功者的经验之谈**

（1）成功的创业者要有明确的目标，力求在同行中做得最好。

（2）创业也应从小做到大，逐渐扩大经营。创业的初始阶段应全力以赴，集中精力做好一个项目，不宜一下就做得太大、太多。

（3）顾客永远是上帝，顾客满意应该是企业永远的追求，力争在服务上做到最好。跟你的客户建立良好的客情关系，注意维护好客户群体。

（4）刚开始创业时不宜招收太多员工，最初和亲友、同学一起创业可以降低成本。

（5）成功的创业者一般在原则问题上决不让步，但在细节上富有协作精神，并且时时处处为下属着想。

（6）善于捕捉市场信息，密切关注竞争者的动态。

（7）只有创业成功才可以使你获得时间自由和经济自由。

（8）创业其实是在追求一个诱人的机会和前景：做一个自由人，独立经营、独立决策。没有上司来对你指手画脚，告诉你什么是对的，什么是错的；你不必再为"我究竟是在为什么、为谁工作"等类似问题而困惑。

（9）在喧嚣动荡的现代经济生活中，公司职员这一身份给人带来的安全感已经一再被证实只是一个危险的错觉。裁员的风险时刻是悬在他们头上的达摩克利斯之剑。

（10）自主创业的过程中充满了新的机遇和希望，面对多变的经济环境，经济社会更需要体制灵活、善于创新、乐于承担风险的小企业进入各种新兴、年轻而富有活力的市场，而这些恰恰是自主创业的特点。

中职生创业指导

第三节 案 例 学 习

✿ **案例1 兰迪·怀斯的鸡用隐形眼镜**

兰迪·怀斯从小时候就有一个梦想：要制作一种鸡用的隐形眼镜，以此来提高鸡蛋的产量，提高养鸡场的经济效益。这个念头形成于19世纪60年代时，那时他的父亲是一位养鸡场的场主。他发现，鸡在一起养殖时，经常有自相残杀的事件发生。为了减少鸡们自相残杀，他幻想可以生产一种红色的专门给鸡佩戴的隐形眼镜，可以使鸡的视力受到影响，从而减少这种影响鸡场效益的行为。

19世纪70年代初，兰迪·怀斯在哈佛商学院深造期间，曾写过一篇颇受欢迎的案例分析。他评价了父亲事业失败的经历，并且设想了一家新的公司，他不仅研究了鸡蛋生产业的经营状况，还考察了新兴鸡用隐形眼镜的可行性。

当他从商学院毕业以后，兰迪·怀斯就希望自己可以建立这个公司，但是没有投资者给他投资。他认为："投资者并不关心鸡蛋的生产情况。"15年后，当他在银行有了一定存款之后，又一次充满热情地开始了自己的事业。兰迪·怀斯认为塑模技术已经大大提高，而且蛋农们对于新鲜事物的抵触也比以前有所减轻了，他说：现在最大的危险可能是过于自信，我们一定可以让人们接受我们的产品。当然，只有当产品卖出去以后，人们才可以确信这一点。

而事实是，蛋农们考虑：谁来给鸡佩戴这个隐形眼镜？这个产品并没有让怀斯的公司门庭若市，蛋农们认为这个故事太动听，以至于叫人难以置信。因为，如果是一个70万只鸡的鸡场，光给鸡佩戴眼镜这一项工作，就要花费多少时间和人工？戴好以后怎么保证鸡们不乱动，而眼镜的位置准确无误？

没有蛋农们的需求，兰迪·怀斯的鸡用隐形眼镜注定是没有市场的。

☺ 创业导师提示

这个失败的案例告诉我们：一个企业要想使自己的经济效益好，就必须生产出受消费者欢迎的产品。请记住：不是你来决定你要生产什么，而是由消费者的需求，也就是市场来决定你来生产什么，只有这样，你的企业才可以成功。

✿ 案例 2　做自己最喜欢的事

吴限在大学毕业后，先后换了七个工作岗位，都感觉不是自己要从事的职业，最后他决定自主创业。他开始选择的项目是开办一个电子商务网站——"全球制造网"。虽然这个项目是他喜欢的，但这时的他，一无资金二无技术，亲戚和朋友也没有可以帮助他的人，何况当时已经有了马云的"阿里巴巴"网站，最初的困难可想而知。

他开始利用电话黄页上的信息，对上边登记有电话和地址的公司进行地毯式宣传和推销，几个月下来，不仅没有拉到一个 VIP 客户，反而为房租和员工工资、网站运营欠了许多债。

这时，好多人开始劝他放弃，但是他坚决要做下去。为了争取浩博公司这个大客户，他一次次登门，一次次被拒绝，最后他争取到一个给这家公司的管理层讲课的机会，对方说，如果他的课可以打动在座的管理者，他就可以拿到这个合作的机会。但是，在他讲课的时候，参加听课的人竟然有的都睡着了。

面对这样的挫折，公司里的员工也劝他放弃努力，但是，吴限再次分析了失败的原因，又在众人的反对声中，去说服这家公司。最后吴限锲而不舍的精神，终于打动了浩博公司的老总，成为全球制造网第一个 VIP 用户，仅仅浩博公司一家，一年的订单就有 480 万元。正是吴限的不放弃，使他最后成了赢家。

☺ 创业导师提示

无论你最后选择了什么项目，在经营的过程中，都不会是一帆风顺的，这时就需要你用超人的耐力和百折不回的精神，坚定不移地迈向你的目标，最后的王者一定就是你！

中职生创业指导

课后思考题

1. 当你认为一件事不可能做到时，你还会不会去做？说明你不去做的理由，分析一下如果去做了，会出现什么后果？

2. 当你决定去做一件事的时候，遇到大多数人反对时，你还会不会去做？

3. 是不是每个人都适合创业？如果感觉自己不适合创业，应该如何去做？

第四章　如何制定创业计划书

📖 **本章要点**

通过本章的学习，可以使有志开始创业的创业者明白创业计划书的功能，掌握创业计划书的内容构成，并通过实例学习，学会制定自己的创业计划书。

1. 学习是进步的阶梯

在头绪纷繁的创业初期，你不可能拥有所有必备的知识。但是，只要你经过学习，并且与其他创业者一起探讨，就可以大大提高你的经营管理能力，增长专业知识。通过对管理方法的研究，特别是对成功企业家的观点和行为方式的学习，会对你产生巨大的催化作用。

2. 学会推销自己

你必须开始学习如何"推销"你的经营思路、你的设想，因此你首先要学会撰写一份专业的完整的创业计划书，去说服你的团队、你的客户以及银行。不要相信在几天的创业培训班中，你就可以掌握所有的经营技巧，这些课程和创业导师，只能起到一个给你指路的作用，真正提高和强化自己的经营能力和商机捕捉能力，还需要你在实践中慢慢摸索，悉心体会。

3. 总结概括你的思路

当你确定了创业项目以后，就需要进一步对这个项目进行更深一步的细化和分解，并通过一系列的调研和论证，最后制定出一份具有可操作性的行动指南。可以说，创业计划书是对你整个经营设想的总结和概括。

第一节　创业计划书的策划功能

一、创业计划书的功能

1．指导你的创业行动

在撰写这份计划书的思考过程中，你就可以清楚地看到，什么才是你未来事业成功中最重要的因素。你的计划以及如何实现它，在计划书中都可以写得清清楚楚。

2．提供你的创业信息

一份制作规范专业的创业计划书就等于你的第一张创业名片。它会告诉你的资金支持者，这不仅是一个浓缩的商业计划，同时你也将是一个未来的有信誉、有实力的企业家，你创业初期获得的信任就从这里开始。

二、创业计划书的六大内容（图 4-1）

1．创业设想

创业项目的具体描述、确定你的销售对象、产品或服务性能描述、满足顾客和市场的哪些需求。

2．市场分析

分析顾客类型并细分市场、行业未来发展趋势分析、市场现状和痛点。

3．经营方案

企业目标规模、经营战略、管理方式、风险分析、企业组织、经营场地、创业团队。

4．财务融资

启动资金预算、融资计划、盈亏平衡点、投资回收期估算。

5．营销规划

产品定位、定价策略、薪酬计划、获客方式、营销策略。

6．经营目标

全面总结你的经营思路，篇幅以一页为宜。

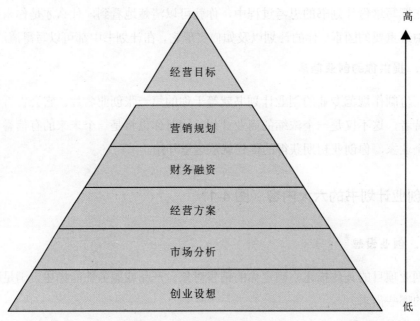

图 4-1　创业计划书的六大内容

（1）信息整合

在你撰写这份创业计划书的同时，你可以把你所有的有关这个创业项目的信息进行整合，更加缜密地对创业项目的可操作性切实进行思考，使之更加具体化。

（2）前景分析

当你写完这份创业计划书之后，就说明你已经对创业前景进行了深入的分析，下边就需要你认真规范地执行了。

（3）坚定信念

你无须担心创业是不是会成功，也不必去请教那些没有创业经历的总是疑虑重重的人，这种人根本不会提出什么好的建议，他们只会打击和挫伤你的锐气。

三、撰写创业计划书需要思考的问题（图 4-2）

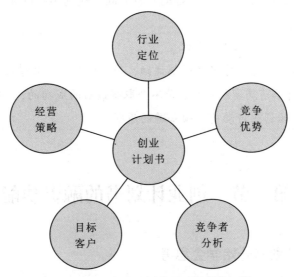

图 4-2　撰写创业计划书需要思考的问题

1．行业定位

你的创业项目目前所处市场是空白还是成熟行业？如果是空白市场，你要详细说明为什么要施行这个创业项目以及这个项目是否有市场需求？

2．竞争优势

如果是成熟行业的话，你需要说明你的创新之处，或者竞争优势在哪里？这里需要你对即将开始的这个创业项目具有相当的了解。

3．竞争者分析

这个项目目前有没有市场竞争者？分析你的竞争者的优势和劣势，你怎样才能在竞争中获胜？谁跟你的目标客户一致？

4. 目标客户

如果你的项目属于新兴行业，目前还没有竞争者，那你的目标客户在哪里？你如何去赢得客户的信任并占领市场？

5. 经营策略

只有确立了明确的目标，你的行动才有方向。找到实现目标的方法和途径，你就可以开始行动了。

> ☺ **创业导师提示：不打无准备之仗**
>
> 诸如上述这类问题，你思考得越详细、越具体越好，孔子曰："凡事预则立，不预则废。"没有事前周密的计划，是不会取得最后的成功的，"不打无准备之仗"是初次创业者开始创业行动前必须知道的原则。

第二节　创业计划书的融资功能

一、从写创业计划书开始学会思考

1. 制定计划的过程就是学习的过程

在撰写创业计划书的过程中，你学会了如何找到顾客的需求？如何分析市场？制定怎样的竞争策略？如何建立自己有特色的盈利模式？但是，一个再好的创业计划，如果没有资金的支持，最终也只是纸上谈兵。要想让你的创业梦想变成现实，你必须去自筹资金或者寻找天使基金，以启动你的创业行动。

2. 创业计划书就是你的融资报告

不论你的创业资金最后的来源是亲朋好友的资助，还是校园创业基金、社会公益基金、天使基金，你都必须有一个尽量详尽的、可以把你的创业梦想表达清楚完整的创业计划书。同样，一份好的创业计划书，不仅可以给你带来创业启动资金，有时还可以给你带来强大的合作伙伴，使你的创业团队更加坚强有力。

中职生创业指导

二、从写创业计划书开始学习理财

1．当家理财的感觉

目前大多数年轻人在树立创业意识之前，对挣钱、花钱的了解，仅限于日常生活消费的层次，而在你撰写创业计划书的时候，你必须考虑你的创业项目如何选址？需要购置什么设备和固定资产？预估一下房租和人员工资最少需要多少？同时还要想到，任何一个创业项目都有潜伏期，潜伏期就是开始创业到自身盈利可以周转的时期，要确定维持这段时间需要多少预算。

2．不当家不知柴米贵

以上这些问题都是一个创业者必须思考的问题，就是说，写创业计划书就是给了你一个强迫自己去思考和关注这些问题的考验，你的创新意识和责任感，也会在这期间得到加强。这时，也让你在创业初期，陡然增加了一种"不当家不知柴米贵"的感觉。

三、从写创业计划书开始学会协作

1．做头雁的感觉

作为一个组织创业者，也是你这个团队的带头人，你必须要为了维持好创业期间资金的良好运转开动脑筋，思考你的盈利模式，思考如何提高你的团队的核心竞争力，任何一个开办起来的企业，不论大小，都要维护好自身的现金流，因为企业就和一个生命机体一样，资金就是他的血液，没有新鲜血液的良好循环，企业就会生病，进而不能生存。

2．团队合作的开始

创业计划书是否专业、完整、务实、可行，是否具有良好的市场容量、美好的市场前景和创新的盈利模式，是你是否可以获得创业基金支持的关键。因此在撰写创业计划书时，你和你的团队就开始了第一次合作。

第三节 国内外校园创业计划书竞赛

目前，国内外都有很多面向在校生的创业计划书竞赛。实践证明，创业计划大赛不仅可以给在校学生提供一个创业模拟练习的机会，同时也可以发现学生创新的火花，培养学生的创业意识，提高创业素质，积累创业知识，已经有越来越多的孵化园区、天使基金和风险投资家，开始关注创业计划书竞赛。

一、成功的创业永远是跟周密的计划息息相关的

1. 你的计划要有可操作性

踏踏实实的行动加上对未来发展的规划，可以让你学会如何在计划和行动中找到一个最佳位置。并不是所有的计划都可以实现，也不是所有的行动都会有结果。只有那些以行动为导向的计划才可以实现，任何脱离实际的空想，都会在现实面前碰壁。

2. 脚踏实地，不要幻想

不要梦想你无法企及的空中楼阁，只停留在纸上的设想永远也无法使你成为百万富翁，一个经过缜密思考的未来经营方案会为企业的稳步发展提供很大的帮助。

> ✿ **美国首届大学生创业计划书大赛**
>
> 最初的创业计划书竞赛起源于美国高校。那是在 1983 年，美国德克萨斯州大学奥斯汀分校的两位 MBA 学生，参照模拟法庭的形式，举办了一次商业计划书竞赛，目的是演练企业策划的过程。当他们历经千辛万苦，终于成功举办了这个世界上第一次商业计划书竞赛时，也因此得到了风险投资家的关注。从此，越来越多的创业基金、风险投资基金、律师事务所、会计师事务所和投资咨询公司也都参与到这类活动中来。

二、创业计划书大赛跟风险基金有不解之缘

1. 风险基金可以让你一夜成名

风险投资基金让很多有创意的年轻人一夜之间成就了梦想。因此,你的创业计划是否有新意,是否可以吸引风险投资家的关注,也是你是否可以做大的关键。

2. 高科技产业备受风投青睐

对那些有市场前景的、新技术、新能源,引领潮流的、吸引眼球的,以及符合未来发展趋势的项目,都会让风险投资家们感兴趣。

> ✿ 雅虎在创业计划书大赛中获得风险基金
>
> 家喻户晓的雅虎公司,就是在创业计划书竞赛中脱颖而出,从而获得了 400 万美元的风险投资而起步的。
>
> 雅虎创办人杨致远,在 1993 年与斯坦福大学一名研究生大卫·费罗合创雅虎。三年后雅虎在纽约股票市场上市,每股股价由 13 美元飙升到 33 美元,杨致远个人身价高达 1.32 亿美元。杨致远说:"人人都说美国机会多,没想到机会就降临得这么偶然",而就是风险投资帮助他抓住这个机会的。
>
> 原来,杨致远在 1995 年上半年便开始与风险投资公司接触,希望公司得到更理想的发展。他明白硅谷是一个风险投资的乐园,在那里平均每天就有一家公司上市,故此当时微软、美国在线(AOL)等想收购雅虎,都遭到拒绝。结果,他终于找到风险投资基金的支持,而公司也得以成功上市。

3. 灵活性和创造性是企业发展的关键因素

获得了基金只是第一步,而持续的创造力和坚忍不拔的毅力对创业者最后是否取得成功来说,则更关键。撰写计划书的目标不要瞄准获得基金,只有把眼光始终关注在市场上,你的计划才可以实现。

中
职
生
创
业
指
导

> ✿ 我国首届大学生创业计划书大赛
>
> 我国首届"挑战杯"大学生创业计划书竞赛是于 1999 年 2 月 10 日在清华大学举办的。就在这次大赛中，共收到了全国 120 所高校的 400 件作品，其中"美视乐"团队，就是在这次竞赛中获得上海第一百货股份有限公司的 5250 万元风险投资的，成为中国大学生创业获得风险投资的第一例。

三、参赛的创业计划书并不是虚拟的项目

1．现实的项目

在写计划书时要考虑两点：一是离目标还有多远；二是怎样才能达到目标。写计划书的过程其实也是你创业立项、筹措资金、办理手续，直至如何创造性地开展营销的思考全过程的总结。

2．真实的理想

学生在写创业计划书时，并不是虚拟的幻想，而是结合学科内容的真实的项目，尽管有的项目还不是很成熟或者缺乏现实性，但是在大赛中绽放的智慧火花，还是值得赞赏的。

3．重在撰写的过程

撰写创业计划书是创业开始走出的关键一步。撰写创业计划书也是学生参与社会实践、增长职业经验的有效途径。创业者在市场调研、研究创业项目可行性的同时，也使创业意识和团队合作意识得到增强。

4．企业策划的实训

创业者在编写创业计划书的过程中，首先需要对项目的预计销售额有一个基本的估算，然后按照估算的销售额或者市场占有率，推算一下企业 1～2 年的经济指标。

在此基础上，实际上是要求创业者模拟地把开办一个企业以及完成企业目标所要做的工作都在创业前认真地思考和演练一下。

5. 向导师学习的机会

在目前学生的创业培训中，每个创业者的计划书都会有创业指导专家来辅导，你的创业计划书也是你与创业导师和开业指导专家进行咨询的基础材料。你要在此基础上，倾听他们的建设性意见，把他们对你设想中的潜力和不足的意见认真思考一下，以使你的创业计划更加完善。

第四节　怎样撰写创业计划书

一、创业计划书概述

（1）创业计划书不仅是一份书面的计划，而且是一个实实在在的行动纲领。

（2）创业计划书是创业成功的基础和起点。计划越周密，成功的可能性越大。

（3）创业计划书的内容制定的是企业 1～3 年的规划。

（4）创业计划书在实施时要根据实际情况不断调整。

（5）创业者撰写创业计划书最容易忽略的是不确定因素，即风险的分析和防范。

二、撰写创业计划书的预备知识

撰写创业计划书前，创业者应对适合企业的几种法定组织形式的特点、设立条件以及设立程序有一定的了解，如注册资本金限定、设立条件以及到哪里申办等；要熟悉这几种法定组织形式的法律特征，然后结合自身条件，选择一个最适合自己的企业形式。

1. 企业的组织形式

根据目前我国现行法律，对独资企业、合伙企业、公司制企业均规定了不同的要求。从《中华人民共和国公司法》规定的设立条件看，股份有限公司明显不适合微小型企业采用。

✿ **目前适合微小型企业的组织形式有如下几种**

- 独资企业：具体规定参照《中华人民共和国个人独资企业法》。
- 合伙企业：具体规定参照《民法通则》中有关合伙的规定和《中华人民共和国合伙企业法》。
- 有限责任公司：具体规定参照《中华人民共和国公司法》。

① 预先核名。起名前，需要先把自己预先想好的四个名字（一正三副），按顺序排好，到工商部门预先审核，看有无重名，名字审核下来以后方可采用。

② 有限公司名称的规范格式。行政区域+字号（2 字以上）+行业关键词+组织形式

例：上海　　大众　　汽车销售　　有限公司

例：上海　　正奇　　信息科技　　有限公司

✿ **注意：**

① 行业类型

按照计划书上提供的类型，只能选一个。

② 选定创业者要创建的组织形式

☺ **创业导师提示**

要注意仔细阅读和学习有关符合该种组织形式的法律法规，如需要行业主管部门批准的，近年来成立企业的前置条件越来越少了，建议创业者应到工商部门咨询一下。

2. 创业者个人情况

包括创业者年龄、性别、文化程度、技能特长、兴趣爱好及相关工作经历等。

3. 创业的基本条件

包括创业项目、资金、场地等。

这部分内容就是本书要求创业者学习和思考的问题。如果项目还没确定，就应填写创业的意向；面积、租金以及场地的位置，要跟你的创业项目相匹配。

☺ **创业导师提示**

选择合适的经营场地，对创业初期的启动很关键。开业大吉，会让你信心倍增；出师不利，会让你容易沮丧。因此，要充分考虑租金、位置、经营商品和客流量的关系，还要对店铺周边的人口及消费能力切实进行调查。

三、创业计划书实例详解

虽然各种创业计划书（商业计划书）的格式不尽相同，但基本内容不会差别很大，在这里你要学会的是如何做好撰写创业计划书的相关知识和内容的准备，以及书写时应把握的语气和基本内容的写法。具体在撰写时，还要按照各种基金或银行要求的文本格式填写。

✿ **示范案例说明**

本创业计划书案采用的是上海食品科技学校的在校中职生创业项目实例。该项目在第五届中国"互联网+"创新创业大赛职教赛道中职组（上海）赛区，获得金奖。因商业机密要求，隐去创业者本人真实的手机号码，因此以下旨在说明创业计划书的写法。

第四章 如何制定创业计划书

第五届中国"互联网+"大学生创新创业大赛职教赛道中职创意组

商业计划书

名称：苋糖阁——籽粒苋养生点心

申请学校：上海食品科技学校

申请人：李紫翔

联系地址：上海市*********

联系电话：***********

电子邮件：***********

提交日期：2019 年*月*日

目录（略）

摘 要

"觅糖阁"是上海食品科技学校创业团队结合所学专业知识和技能组建的创业项目，该项目从一粒小小的籽粒苋种子切入，将食物多样原则的现代营养理念与食不厌精脍不厌细传统美食古训相结合，与传统茶文化的融合创新，制作精美的籽粒苋养生点心。籽粒苋（GrainAmaranth）是苋科（Amaranthaceae）、苋属（Amaranthus）一年生草本植物，是世界上最古老的作物之一，曾经是古代印第安人的主食之一，现已广泛种植于中美洲、亚洲和欧洲。在国外，由籽粒苋开发的食品作为营养保健食品，受到了特殊消费者（儿童、孕妇和哺乳母亲）的喜爱。然而，国内普通百姓对籽粒苋以及籽粒苋系列食品几乎是闻所未闻，由籽粒苋开发的系列养生食品在国内还未普及，籽粒苋食品加工销售市场是空白。

学校为"觅糖阁"提供了创业所需要的技术条件和支持，创业团队依托上海食品科技学校食品研发与技术服务中心，采用酶解、纳米磨、蒸汽爆破等新技术对籽粒苋种子进行预处理研究，明显改善了籽实加工性能，有效成分溶出明显增加，加工的系列籽粒苋特色花式中式点心、西式点心，成本低廉，营养价值高，在国内有着巨大的市场空间。该项目拥有籽粒苋发明专利一项（专利号：201611162602.2）。

该项目前期产品开发、食品安全行业准入手续、店址选择、人力资源培训等已经基本就绪，团队内部融资已经完成，并且获得上海牧粮实业有限公司总经理王利荣10万元人民币的天使投资。王利荣先生大学毕业后在德国企业工作一年后创业，获得上海金山区优秀青年企业家称号，有丰富创业成功经验，愿意担任该创业项目的创业导师。

"觅糖阁"创业初期的主营业务为具有鲜明特色的籽粒苋养生点心，包括中式点心和西式点心。随着项目的不断发展壮大，将研发围绕籽粒苋的周边产品籽粒苋植物蛋白饮料、籽粒苋发酵饮料、籽粒苋茶饮料等点心关联性产品。最终将形成以籽粒苋点心为载体，集书吧、咖啡吧、茶饮吧以及花果店等多维业态，形成一个生活气息极其浓厚的休闲空间综合体。商业模式以"前店后厂"型专业型实体店模式+互联网社群营销模式，形成标杆的中央工厂+门店配送、再制型的中西点心产品+关联性产品的经营类型的复合型商业模式。

"觅糖阁"创业团队拥有丰富的中西点心制作专业知识和能力，具有一定的经

第四章 如何制定创业计划书

营管理能力，十分热爱烘焙行业，探索中国传统面点加工工艺与西方烘焙加工工艺的有机融合和创新领域积累了较为丰富的研发成果，并拥有独立知识产权。

"觅糖阁"团队的使命是，制作系列籽粒觅精致美味点心，为顾客创造新鲜健康的生活而持续努力，成为中式和西式点心有机融合和创新领域的知名品牌。

1. 项 目 概 况

1.1 项目名称

觅糖阁 —— 籽粒觅养生点心

1.2 启动时间

2019 年 6 月

1.3 准备注册资本

50 万元人民币

1.4 项目进展

该项目前期产品开发、食品安全行业准入手续、店址选择、人力资源培训等已经基本就绪，团队内部融资已经完成，并且获得上海牧粮实业有限公司的总经理王利荣 10 万元人民币的天使投资，王利荣先生大学毕业后在德国企业工作一年后创业，获得上海金山区优秀青年企业家称号，有丰富创业成功经验，愿意担任该创业项目的创业导师。

1.5 主要股东

股东名称	出资额（万元）	出资形式	单位	联系电话
李紫翔	23.75	现金	上海食品科技学校	
张发刚	10	现金	上海食品科技学校	
王蜻雯	6.25	现金	上海食品科技学校	
乔媛媛	5	现金	上海食品科技学校	
顾旭婷	5	现金	上海食品科技学校	
王利荣	10	现金	上海牧粮实业有限公司	

1.6　组织架构

"觅糖阁"董事会

"觅糖阁"总经理

财务部	采购仓储部	技术研发部	门市部	社群营销部	财政与人力资源部

1.7　主要业务

"觅糖阁"创业初期的主营业务为具有鲜明特色的籽粒苋养生点心，包括中式点心和西式点心。随着项目的不断发展壮大，将中式、西式点心与传统茶文化的融合创新，研发围绕籽粒苋的周边产品籽粒苋植物蛋白饮料、籽粒苋发酵饮料、茶饮料等点心关联性产品。

1.8　商业模式

创业初期，以"前店后厂"型专业型实体店模式+互联网社群营销模式：其主要表现形式为经营围绕籽粒苋的花式点心、方糕等中式点心和面包、蛋糕、西饼等西点产品为主的养生点心店。以专业中西点心为主要定位，加工车间与销售门市一体化。既有现蒸现烤现卖也有预制包装产品通过互联网社群营销模式销售类型。其商业模式的目标是形成以85度C为商业模式标杆的中央工厂+门店配送、再制型的中西点心产品+关联性产品的经营类型的复合型商业模式。

1.9　未来3年的发展战略和经营目标

"觅糖阁"通过以首家点心实体店为标杆，实施标准化连锁加盟扩张，销售收入达到600万元，在金山地区烘焙市场占取15%的市场份额，最终形成以籽粒苋养生点心为载体，集书吧、咖啡吧、茶饮吧以及花果店等多维业态，形成了一个生活气息极其浓厚的休闲空间综合体。

2.管理层

2.1　成立公司的董事会

1. 董事会：由创始团队和天使投资人组成，属于决策层，负责制定公司的总体

第四章　如何制定创业计划书

发展战略，决定总经理的人选。

2．总经理：董事长兼总经理：李紫翔，负责公司的日常经营事务，对董事会负责，决定副总经理和部门经理的人选，协调各部门之间关系。

3．市场营销负责人：乔媛媛，负责公司总体的营销活动，决定公司的营销策略和措施，并对营销工作进行评估和监控，包括组织搜集和分析市场信息、广告、公共关系、销售、客户服务等。在公司发展成熟后，分设公关、销售、客户服务部；同时负责公司的网络平台建设，定期推送科普知识，维护网络平台及做好售后与客户的交流反馈。

4．主要技术负责人：张发刚，负责生产技术，处理与产品有关的技术问题，负责产品的研究与开发工作。

5．主要财务负责人：顾旭婷，负责公司资金的筹集、使用和分配，如财务计划和分析、投资决策、资本结构的确定，股利分配，等等；负责日常会计工作与税收管理，每个财政年度末向总经理汇报本年财务情况并规划。

2.2　高管层简介

1．董事长兼总经理：李紫翔，女，18岁，中专学历，农产品加工与检测专业，就读学校上海食品科技学校在读。曾担任1603班副班长。

2．主要技术负责人：张发刚，男，18岁，中专学历，农产品加工与检测专业，就读学校上海食品科技学校在读。担任1603班班长，主要负责生产。

3．产品研发负责人：王靖雯，女，18岁，中专学历，农产品加工与检测专业，就读学校上海食品科技学校在读。主要负责产品研发。

4．主要营销负责人：乔媛媛，女，18岁，中专学历，农产品加工与检测专业，就读学校上海食品科技学校在读。校主持人、代表学校参加茶艺表演与比赛。

5．主要财务负责人：顾旭婷，女，18岁，中专学历，农产品加工与检测专业，就读学校上海食品科技学校在读。耐心细心负责班级财务，有一定财务基础知识，曾代表学校参加上海市工业分析技能大赛获得前三名好成绩。

2.3　激励和约束机制

管理层及关键人员将采取对引进重要战略投资者予以重奖和在股权上予以明确的激励机制和奖励措施。对于普通员工采用员工持股计划进行激励。对于重点工作及项目采用目标激励方式，按照年度重点工作或项目进展进度，对关键参与人员进行物质激励，同时对优秀人员进行岗位级别提升。

3．研究与开发

3.1 项目的研发成果及客观评价

"觅糖阁"团队经过长时间的研究与开发，开发出籽粒苋系列养生点心（见下图），拥有独立知识产权，2016 年 11 月向国家知识产权管理局申请发明专利（专利号：201611162602.2），目前已经进入实质性审查阶段。籽粒苋系列养生点心经过广大消费者和食品专家品尝，给予了很高的评价。

籽粒苋花式中点产品

籽粒苋方糕产品

籽粒苋西点产品

3.2　主要技术竞争对手

　　上海烘焙食品市场竞争日趋激烈，克莉丝汀、宜芝多、香特莉、季诺、可颂坊、元祖、瑞莱新侨、迷迭香咖啡面包、红宝石、85度C、苹果园、牛奶棚等中高档品牌基本上都在金山开设了连锁经营店。金山地区还有诸如麦香城面包房、新创面包房金菠萝面包房、吉原面包房等地区性的面包房品牌。这些给"觅糖阁"创业带来巨大的竞争压力，只有通过差异化竞争策略才有可能在竞争中取胜。

3.3 研发计划

新产品开发不仅是"觅糖阁"竞争优势的源泉，也是增强企业品牌形象的重要手段，通过新产品开发能够保持企业研究开发能力，充分利用生产和经营资源。"觅糖阁"在籽粒苋养生点心系列产品研发方面将充分运用在该领域的竞争优势，在激烈的产品竞争中采用新技术优先开发出籽粒苋养生点心系列全新产品。根据籽粒苋原料结构特点、从原料预处理技术入手，最大限度提高籽粒苋有效营养成分的溶出；根据籽粒苋加工特性综合运用多种食品工程技术改善籽粒苋加工性能；从点心造型设计入手，设计更多更美的点心造型，更符合消费审美。利用其特有的市场或价格方面的优势，在竞争中对早期开发者的商业地位进行侵蚀。

公司设专人负责技术研发工作，根据公司发展和市场动态，制定籽粒苋新产品研发计划并执行，解决生产过程中出现的相关问题，负责根据市场及销售需要，结合公司实际情况对公司目前籽粒苋养生点心系列产品的技术维护，关注市场动态及发展趋势，制定新产品研发计划，严格执行技术部门相关工作规章制度和工作标准，做好配方保密工作。

3.4 研发投入

2015年9月上海食品科技学校食品研发与技术服务中心承接了与上海牧粮实业有限公司校企合作项目，上海牧粮实业有限公司位于上海金山区，注册资金5000万元，是一家主要从事高蛋牧草种植、加工及销售；有机肥料开发、生产及销售；农业技术开发、技术服务等为一体的相关多元化农业高科技企业。近年来上海牧粮引进中国农科委籽粒苋种植项目，分别在东北吉林、内蒙古、山东滨州、贵州、云南等地进行了一定规模的种植。创业初期上海牧粮实业有限公司可以无偿提供籽粒苋种子原料。

依托上海食品科技学校食品研发与技术服务中心，创业的研发实力雄厚。食品研发与技术服务中心对籽粒苋种子进行预处理研究，采用酶解、纳米磨、蒸汽爆破、多次粉碎等处理，籽粒苋种子粉的加工性能显著改善，有效成分溶出明显增加。结合食品科技学校食品加工专业特点，利用籽粒苋粉支链淀粉丰富的特点，加工系列

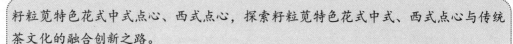

籽粒苋特色花式中式点心、西式点心，探索籽粒苋特色花式中式、西式点心与传统茶文化的融合创新之路。

"苋糖阁"作为上海食品科技学校的学生创业项目，并拥有独立知识产权，并已经于2016年11月向国家知识产权管理局申请发明专利，目前已经进入实质性审查阶段。学校为"苋糖阁"提供了创业所需要的技术条件和支持。公司在每年的营业额中，提取5%作为籽粒苋点心类系列产品研发经费，以确保在差异化竞争中能够争得一席之地。

3.5 技术资源与合作

作为上海食品科技学校的学生创业项目，上海食品科技学校是"苋糖阁"技术资源的坚强后盾，在技术开发领域能够得到母校的持续支持。上海食品科技学校始建于1985年，是一所全日制公办A级中等职业学校。学校现有在校学生1200多人，教职工160人，是上海市高技能人才培养基地、上海市百所重点建设中职校。

经过三十多年的艰苦创业和改革发展，学校逐步形成了食品工程专业群。现有食品科学与工程中本贯通试点专业（上海应用技术大学）开展中高职贯通试点专业，以及食品生物工艺、食品安全与检测、农产品保鲜与加工、中餐烹饪与营养膳食、计算机应用等专业。学校充分学习发达国家在培养技术技能型人才方面的经验，与澳大利亚、德国、丹麦等职业学院建立了交流合作，先后有12名教师参加了中德、中澳合作开展的师资培训，食品生物工艺专业引进了德国的行动导向法课程及澳大利亚TAFE课程，借鉴吸收国外的优质资源。

学校还与工业园区、农业园区、光明食品、联合利华、亨氏食品、东方航空等开展深度校企合作；学校成立的食品研发与技术服务中心服务于区域内中小微企业，为他们解决技术瓶颈和新产品的研发，目前已申报三项国家专利技术；还紧紧依托高技能人才培养基地与上海应用技术大学、上海商学院、上海农林职业技术学院、上海中侨学院等高校合作培养食品类高技能人才。

4．行业及市场

4.1 行业状况

籽粒苋（GrainAmaranth）是苋科（Amaranthaoeae）、苋属（Amaranthus）一年生草本植物，是世界上最古老的作物之一。它曾经是古代印第安人的主食之一，现已广泛种植于中美洲、亚洲和欧洲。在国外，由籽粒苋开发的食品作为营养保健食品，受到了特殊消费者（儿童、孕妇和哺乳母亲）的喜爱，特别是那些对某些谷物食品过敏的消费者，由籽粒苋开发的系列营养保健食品在国内还未普及，籽粒苋食品加工销售是空白，普通百姓对籽粒苋以及籽粒苋系列食品根本不了解。

籽粒苋是一种营养价值很高，并兼备粮、菜、饲料、观赏等多种用途的作物。籽粒苋产籽量高，籽实富含蛋白质、不饱和脂肪酸和维生素等。此外，它还含有多种生理活性成分，如多酚、黄酮等。据中国农科院分析，籽粒苋不仅具有独特的生理特性，而且品质优良，营养价值很高，尤其以蛋白质、赖氨酸含量高而著称。籽粒苋的总营养价值是高粱和玉米的 1.66 倍，其中：蛋白质含量为 16%～18%，比一般谷物高 30%～50%；脂肪含量占 7%左右，为玉米的 3 倍（内含有易于被人体吸收的不饱和脂肪酸占 75%以上，是老年食品中理想的食用油来源）；淀粉平均含量占 60.16%（内含支链淀粉 73.2%～87.8%），红苋 R104 等品种最高可达 87.8%；赖氨酸含量达 1.01%，是小麦的 2 倍、玉米的 3 倍；含钙量是小麦的 7 倍、玉米的 8.5 倍；含磷量约为一般谷类作物的 2 倍；另含有丰富的有益矿质元素、B 族维生素、维生素 P、维生素 E 和天然色素具有抗衰老作用；近期研究还发现，以籽粒苋为主要原料，结合药食同源的中草药生产的保健食品具有显著的降血糖效果，实属营养治疗时代的新型保健食品。海外一些知名学者则把籽粒苋称作是改善现代食物最理想的营养品，认为籽粒苋是一种"人类未来的粮食作物"。

苋籽粒中赖氨酸、色氨酸含量较高，而亮氨酸含量低，小麦、玉米正相反，因此，将苋粉与糯米粉、小麦粉、玉米粉等混合制成食品，可以起到氨基酸互补的作用。国内外关于籽粒苋在食品工业中的应用主要籽粒苋淀粉点心类食品的研究、籽粒苋保健类食品的研究、籽粒苋酱料类食品的研究、籽粒苋蛋白质、色素的提取等方面的研究。

4.2　市场前景与预测

近年来，焙烤食品在中国经历了较长时间的市场培育和发展过程，目前已经进入一个飞速发展的阶段。根据国家统计局对规模以上企业统计的数据显示，2017 年中国焙烤食品糖制品行业（含糕点/面包、饼干、糖果巧克力、冷冻饮品、方便面和蜜饯）主营业务收入为 7431.78 亿元，同比增长 8.29%。根据协会统计数据，2017

年国内居民按 13.7 亿人口计算，平均每人每年面包消费量约为 4.4 千克。

　　而韩国平均每人每年面包消费量已超过 10 千克，日本超过 20 千克，美国、西欧等国家面包人均消费量都在 70～80 千克以上。由此可见，随着中国城市化进程的加快及居民饮食习惯的逐步多样化，中国焙烤食品行业市场消费潜力巨大。

　　随着上海市城市化程度加深，市场加速国际化，面包牛奶的西式早餐组合逐渐取代中国传统的粥和油条，同时，越来越多的上海市市民已将"饭后甜点"或"下午茶"视为生活中必不可少的一个环节，上海市中西点及面包等烘焙食品的需求量大增。近年，上海市经济高速增长，城镇化的不断深化，居民可支配收入的快速上升，消费者购买烘焙食品消费支出逐年上升，上海市烘焙连锁行业步入了黄金发展期。

2011—2015 年中国上海市烘焙食品制造行业发展分析

年份	企业数量（个）	资产总额（千元）	销售收入（千元）	利润总额（千元）
2011 年 1-12 月	60	11 080 013	13 196 940	702 321
2012 年 1-12 月	59	12 251 642	14 599 091	637 744
2013 年 1-12 月	59	13 674 551	15 785 787	766 668
2014 年 1-12 月	58	13 994 058	16 447 380	926 524
2015 年 1-10 月	60	15 754 744	14 392 245	838 776

数据来源：《2017—2022 年中国烘焙食品市场运营调研与投资战略咨询报告》

　　上海市焙烤食品行业随着经济的进一步增长和人民生活水平的提高，以及西方食品、原料和生产技术的大量涌入，从 20 世纪末开始呈现出迅速发展的趋势，对各种烘焙食品的需求不断增加，烘焙食品市场前景更加广阔。目前花样繁多的饼干、蛋黄派、薯条、膨化食品正受到越来越多的年轻人的欢迎。据预测，到 2022 年上海市烘焙食品制造行业销售收入将达到 25.0 亿元。

　　上海地区年轻人都很喜欢吃以面包为代表的西点，随着人们工作生活节奏的加快，现在人们不管是工作还是学习都讲究一个"快"字，尤其是早上，大多数人是没有时间在家做早餐的，很多人就会选择去面包店买两块面包吃。香甜可口外形美观的面包十分受人们的喜欢。现在人们很重视饮食健康，在吃的选择上自然更加注意。其实中式点心加工工艺更符合低温烹饪的世界健康新潮流，籽粒苋花式中点制作精美造型别致，随着人们对健康饮食的重视，也会越来越引起年轻人的青睐，籽粒苋中西合璧点心系列产品的发展将会更加广阔。

　　消费者将倾向于名牌、高质量和个性化的中高档产品。所有的竞争对手都在打

中职生创业指导

造出个性鲜明、文化深刻的品牌形象，注重理念与细节，打造私人定制。"时尚""品质""身份"和"健康"与中西点心的创新相结合，与传统茶文化融合创新多元发展。

4.3 目标市场

确定以下三类人群为我们的目标市场：

1. 企事业上班族

据调查上班族主要以速食作为解决日常三餐的方式，而在早餐方面，面包是他们必不可少的速食品，并且上班族有比较稳定的工资，商品价格的变动，对他们需求价格弹性较低，因此，上班族这部分消费群体可作为"觅糖阁"籽粒苋点心系列产品的固定消费者。此消费群体由于工作的压力较大需要有一个空闲的时间缓解自己的压力，就这一情况我们可推出特色服务 DIY 籽粒苋点心系列产品制作。

2. 养生需求人群

籽粒苋是一种高营养谷物，籽粒苋点心为顾客提供一种新的高营养的养生资源选择，将食物多样原则的现代营养理念与食不厌精脍不厌细传统美食古训相结合，制作精美的籽粒苋养生点心，与养生需求的人群追求的养生新潮不谋而合，在前期的产品研发及消费调查中已经显现，健康的养生人群对籽粒苋养生点心接受度很高。研究表明籽粒苋对降糖限糖有一定效果，养生人群中的糖尿病患者及潜在人群都是籽粒苋点心的潜在忠实顾客。

3. 追求生活品质喜爱浪漫的人

情侣必定逃不开浪漫一说，心意成为赢取女孩芳心的主要筹码。所以在一些节日里男孩们送什么样的礼物给女朋友成了他们头疼的事。这就是一大潜在需求，所以我们除了籽粒苋烘焙系列产品 DIY 蛋糕，本蛋糕店还推出 DIY 巧克力和 DIY 饼干，可作为一些小情侣在一些节日里制作来当作礼物相赠。

4.4 主要竞争对手

上海烘焙食品市场竞争日趋激烈，克莉丝汀、宜芝多、香特莉、季诺、可颂坊、元祖、瑞莱新侨、迷迭香咖啡面包、红宝石、85 度 C、苹果园、牛奶棚等中高档品牌基本上都在金山地区开设了连锁经营店。金山地区还有诸如麦香城面包房、新创面包房金菠罗面包房、吉原面包房等地区性的面包房品牌。创业初期我们的竞争对手主要是金山地区距离我们烘焙店附近的麦香城面包房、新创面包房金菠罗面包房、吉原面包房等地区性品牌和苹果园、牛奶棚等上海市的面包房品牌；随着我们产品质量的提高、品牌影响力的增强，红宝石、85度C、克莉丝汀等会逐渐变成我们的竞争对手。我们只有通过差异化竞争策略才有可能在创业初期和他们的竞争中取胜。

4.5 市场壁垒

1. 食品质量安全市场准入资格

2005年9月，国家质检总局建立全面的食品质量安全市场准入制度，主要包括生产许可制度、食品质量安全强制检验制度和市场准入制度。生产许可制度要求生产加工食品企业必须符合生产资质，并能够按规定获取食品生产许可证；强制检验制度指生产的食品必须接受检验，只有检验合格的食品方能够出厂销售；市场准入制度要求企业生产加工的食品必须符合理化指标、感官指标、卫生指标和标签标识等安全方面的规定，经检验合格并加印食品质量安全市场准入标志后方可出厂销售。从2006年9月1日起，国家质检总局将包括面包在内的28大类产品纳入食品质量安全市场准入制度，未获得生产资质的企业一律不得进行面包的生产业务。随着国家对食品质量要求的日趋严格，市场准入标准会进一步提高，已经具备食品质量安全市场准入资格的企业将在未来的发展中占据先机。

2. 品牌知名度

点心行业正在经历从价格竞争到品牌竞争的过渡，随着生活水平的不断提高，健康饮食的观念已经深入人心，消费者将更加看重食品安全和营养价值，在市场产品同质化的背景下，品牌无疑成为食品安全的重要代名词，对于食品行业，品牌的确立需要长期的时间和资金的积累，而已经形成品牌知名度的企业将在发展中获取更多的机会，也为新进入者创立新的品牌，赢得消费者的青睐带来更大挑战。

3. 销售渠道建设和管理能力

点心属于快速消费品，销售渠道不仅是企业实现销售收入的终端，也是将产品信息传递给消费者的直接途径。行业内的企业主要通过商场超市、连锁店面和经销商进行销售，如何在完善营销网络、扩大市场范围的基础上辅以全面的渠道管理是

中职生创业指导

行业企业普遍思考的问题。建立和管理销售渠道需要投入大量资金，而且还需要较长的建设周期，从而在渠道层面形成较高的市场准入门槛。

4. 生产规模

随着生活水平的提高，面包逐步成为生活必需品，在市场能够消化的前提下，适当扩大生产规模有助于提高生产资源和销售渠道利用效率，降低单个产品分摊的固定成本。生产规模往往受制于土地、厂房、生产设备等重要资源，而购买和控制这些资源需要具备大量的资金储备，此外，具备一定生产规模的企业将拥有更多的管理经验，这些经验有助于企业提高设备生产效率，降低单位产品生产成本，从而提高生产效益。

5. 烘焙行业竞争格局

随着烘焙行业的不断发展，国外的烘焙企业依靠多年的生产管理经验，充足的资金实力，不断进入各国市场，扩大市场份额，宾堡等"中央工厂+批发"式厂商是世界规模较大的烘焙生产企业，其产品和业务遍布世界几大洲。台湾85度C、克莉丝汀、面包新语等作为饼屋的代表依靠其产品的多样化和连锁店的经营模式在中国市场也占有一席之地。

4.6 SWOT 分析

1. 优势（Strengths）

本烘焙蛋糕店位于学校附近，主要的目标客户是学生，他们是市场上大量的潜在需求，这是选择学生这一目标市场的首要条件，并且在价格上我们会经过调查了解他们的经济条件，主要定位在低档这一价位。而且我们觅糖阁的主打品牌是以籽粒苋为特色的健康养生烘焙类食品，不仅具有独特的生理特性，而且品质优良，营养价值很高，尤其以蛋白质、赖氨酸含量高的特点，对顾客的健康有利，且遵循顾客就是上帝的原则，我们有良好的服务态度，高质量、低价格的烘焙商品，且有较高的优惠服务，相信能招来大量注重健康烘焙食品消费者。

2. 劣势（Weakness）

但是也正因为"觅糖阁"初创时期，品牌知名度较低，没有基础的顾客群，宣传的范围不够广，效果不会有计划那么好。且开店推出的籽粒苋为特色的养生点心，

DIY 点心制作初期所要花费的成本大，短时间内不能收回成本的话会导致"觅糖阁"经营比较困难。

3. 机会（Opportunities）

如今，面包在上海更多的是作为主食和休闲食品。年轻人及上班族为了方便和节约时间，越来越多地选择面包作为早餐。未来，消费者对面包选择将更加注重安全、营养和时尚，更加考虑食材的健康，营养成分搭配。消费者对于食品的总体消费需求是趋于健康化，口感的要求也更高，喜欢带有各种创新口味的食品。消费者对于新鲜面包的需求逐年提升。学生群体更喜欢设计蛋白质含量较高、富含热量和花样选出的食品；减肥群体更喜欢低油低盐低糖的面包等。

大街小巷烘焙坊并不少见，但大多为地方性、个体化品牌。随着产品竞争激烈，市场准入门槛将提高，今后，在食品安全、产品研发、包装设计等方面做得更加突出的连锁品牌将成为趋势。随着互联网的普及，电商渠道作为面包销售新兴渠道，电商渠道能够帮助面包市场快速下沉，提高消费普及度，是点心行业未来增长的重要驱动力。

场景化消费作为一种更加贴合用户体验的消费类型，越来越受到人们的关注。未来的点心店将打造场景化消费，店面将会以籽粒觅点心为载体，聚集书吧、咖啡吧、茶饮吧以及花果店等多维业态，形成了一个生活气息极其浓厚的休闲空间综合体。

4. 威胁（Threats）

但是由于籽粒觅烘焙系列产品还未被金山地区的消费者所熟知，有可能短时间内顾客流量低，且周围的几家烘焙蛋糕店有很大的竞争力，顾客很难改变一贯的口味。并且 DIY 蛋糕、DIY 巧克力、DIY 饼干制作只是在一些节日里，有人过生日时顾客才会购买，不像面包在一定时间内频繁购买。所以这项经济收入来源不够稳定。如果没有创新出各式花样来满足顾客的个性需求，本店也受到一定的威胁难以经营。

4.7 销售预测

（预测公司未来 3 年的销售收入和市场份额）

5．经营计划

5.1 经营计划

第一个阶段：3 个月左右

中心工作：

1．增大产品周转。

2．培育客户数量。

3．做好店内人员的培训和调整。

4．确立店内最优的工作流程。

第二个阶段（4~8 个月）

中心工作：

1．重点工作是清理滞销产品，调整产品结构。

2．清理滞销产品和原材料，低价或亏损性进行销售，完成资金回笼。

3．加大畅销产品的原料采购和生产数量，并适当增加新产品。

4．逐步寻找到适合自己的经营模式。

5．确定达到盈亏平衡点后店内利润的分配方式，调动员工的生产、工作的积极性。

本阶段要求达到盈亏平衡点！

第三个阶段（9~12 个月内）

中心工作：

1．整理重点顾客与普通顾客，建立有效的会员体系。确立与重点顾客的紧密关系，拉近彼此间的距离。

2．与周边有互补性的店面进行联合营销。

3．通过各种手段创造机会与不同消费习惯和消费群体建立有效的沟通，进而达成销售。

4．扩大店面的盈利机会点。

5.2 运营管理

1．购买原材料、物料及包装材料等要控制刚好足够的量，不要多订而鼓励浪费的发生。

2．有了精确的原材料需要量的概念，才能准备适时适量的原材料。只要能够保持数日的安全贮存量，不要为了方便增加贮存量而增加管理的困扰并且增加浪费。

3．要有良好的签领制度：点心店内所有的原材料的进出，以及中间产品的交接都要有良好的签领制度，才能责任分明。这样有任何浪费情形发生时，都比较容易追踪及校正。

4．建立良好的会计制度：点心店的利润源自于良好管理水平，对于不合理的浪费情形，很快查找原因并解决。良好的会计制度能有效地控制人事费用、原材料费用，减少浪费，使点心店的经营保持平稳的经济效益与利润。

5.3 成本管理

1. 生产成本费用

生产成本费用包括以下几个方面的内容：

直接原材料成本：所有配方中所需要的原材料如面粉、油脂、糖、奶粉、盐、改良剂及其他的添加物等所需的费用。

间接原材料成本：包括烤盘所用的衬纸，装烘焙品所用的塑料箱，称量原材料所用的各种容器等所需的费用。

损耗：包括由于工人的操作不当以及在包装、运输过程中所造成的烘焙品的损坏或由于没有销售出去而退回的产品所造成的损失。

直接人工成本：是指直接用于生产烘焙品的师傅工资及原材料称量等工人的工资等。可以用小时及生产数量来计算。

间接人工成本：是指不直接参与生产的那部分人员的工资即管理人员、销售人员、总务、清洁人员等有关人员的工资。

设备及厂房的折旧：是指在投资开始属于不动资产的厂房及设备，经过常年的使用和运作，其原有的价值会逐年的递减，因此按照其使用年限逐年给予合理性的递减，作为成本支出的一部分。

场地的租金：是指租赁生产场地所支出的固定费用。

包装材料费用：是指包装烘焙产品所使用的材料费用。

水、电、瓦斯费：指生产烘焙品所消耗的水、电、瓦斯的费用。

杂支：指购买清洁用品，产品的广告、促销，机器设备的维修、保养，公共关系即参加各种工会及社会活动等的费用。

2. 营销成本费用

营销成本包括以下几个方面的内容：

人事费用：包括管理人员、行销人员、清洁人员的工资。

租金：是指租赁点心店的店面所需要的固定的费用。

设备折旧：指面包店里的陈列、空调等一些固定投资设施的价值按照逐年递减的方式给予合理的评估。

回收品：指当天没有销售出去或是由于人为的原因造成损坏的烘焙品。

运输费用：指运输工具将烘焙品由工厂运输到面包店所消耗的费用。

促销费用：点心店开展一些促销活动，扩大面包店与产品的知名度所需的费用。

税收支出：点心店根据国家的规定上缴的所得税。

杂支：公共关系的费用、车辆的保险费、车辆的汽油费、清洁用品等方面的支出。

6. 营 销 策 略

6.1 产品策略

推陈出新，根据不同消费者的需求，满足不同口味和不同群体消费者的需求。以清新的风格为主，给购买者良好的购买体验。

1. 安全，在食品领域，安全问题是大家最关心的话题，因此我们一定会使用最安全、健康的食材。

2. 方便，我们要根据客户需求改进自身的服务和流程，争取让尽可能多的顾客感受到方便。

3. 尊重，针对客户，无论是谁，我们都必须尊重，让顾客感受到我们对他们的重视，增强信任感。

4. 创新，在老百姓口味和要求越来越高的今天，不创新就意味着被市场所淘汰，因此我们联合学校食品科研机构不断开发新的产品和口味，满足顾客的要求。

6.2　价格策略

烘焙类产品的定价受到烘焙类产品定价目标、产品成本、面包房的营销目标、营销组合等内部因素和面包市场需求的价格弹性、品竞争者的产品和价格和国家政策法规等外部环境因素的影响。

传统的定价策略主要有成本导向定价、需求导向定价和竞争导向定价。烘焙类产品会同时运用成本导向定价、需求导向定价和竞争导向定价中的成本加成定价、心理定价、折扣定价、组合定价、新产品定价等定价策略。具体决定面包价格的重要因素是产品价值、品牌价值，而最重要的依据就是成本率，面包定价的成本率是在整体价格的30%~40%。

例一：某款面包口感好人气高，成本为5元，这款面包非常受欢迎，于是我们可以把面包价格定高一点，比如说成本的三倍（15元）。

例二：某款面包成本比较低只需2元，但同时顾客较为喜欢，于是我们可以超出成本率标准，把面包价格定在10元、12元等等。

6.3　行销策略

线上线下结合的销售策略，节假日店庆等开展促销活动，提高店铺的知名度和美誉度。采用互联网+技术，运用社群营销策略，扩大市场范围，3公里内免费送货，同时与单位或组织合作，发展代销商。开启会员卡制度，会员有折扣，增加重复购买率，增加品牌知名度和忠诚度。注重点心实体店的文化环境布置，为顾客营造温馨典雅浪漫的消费环境，让精美的养生点心与精心布置的人文环境融为一体。

6.4　激励机制

1. 经济型激励方面：目前烘焙行业仍是以短期物质激励为主，一般分为：基薪+补贴+以销售额为业绩的提成+奖金。我们尝试使用年薪制等长期激励工具，在实际工作中先定一部分为基薪，其他作为基于销售业绩的风险收入，绩效奖励则以提成为主。年终奖励根据实际情况而定，把销售提成分为几部分发放，其中年度销售提成和统一年终奖作为年终奖励的主要来源，福利保险作为基本的保健因素对营销人员的激励。经济型激励的基本方式有：基本工资、年薪制、分红、绩效工资、年终奖励、核心员工的长期激励、福利保险、薪级调整等。

2. 责任型激励方面：营销人员的核心任务是保证销量额等财务指标按时按量地完成，另外，营销人员还需要客户开发比率、市场占有率等需达到销售指标。当下一个销售年度、月度来临之前，企业一般下达营销计划或责任状，与营销人员实行合同计划约定。责任型激励方式有：目标管理、合同计划约定、年度人物责任状等。

3. 精神激励方面：个人和团队的荣誉感对营销人员也有很大的激励作用，每个月评选出销售标兵或销售明星，对员工和团队会产生很大的激励。岗位的轮换可以激发公司员工的创造性。精神型激励方式有：关系情感建设、企业文化培训、员工决策参与等。

7. 风险及对策

7.1 主要风险

1. 众多竞争对手开业多年，具有较强的品牌影响力，有一定的固定消费群。

2. 准备资金不足，没有为店面的后期经营活动准备充足的备用金。前期没有做好应有的准备工作。缺少店面管理经验。

3. 经济的发展虽然使人们对面包需求更大，但其他食品也在不断发展，热门的选择余地更多了。

4. 新店刚开业，品牌知名度不高。没有做好开业后有较长成长期的思想准备，有了挫折后丧失了信心。

7.2 风险对策

1. 针对竞争对手的问题，相信本店凭借合理的价格和更优质的服务，一定能够赢得消费者的青睐，再加上我们活动的支持，足以赢得更多顾客的光顾。

2. 针对女性爱美人士，我们研发推出了低脂面包等产品；对于要健康的客户，我们研发推出了营养面包；对于老年人，我们研发推出了低糖面包。针对不同客户群体，我们研发推出了不少单品，尽量满足不同消费者的需求。

3. 虽然人们购买食品的选择越来越多，但面包的重要性依旧不减，并且我们开发研制了功能性食品比如早餐面包和下午茶餐点，尽可能多地让我们的面包和甜点进入人们的日常生活，变成人们不可或缺的一部分。

4. 新店开业我们准备了不少的活动：例如 DIY 点心大赛；DIY 巧克力拼图；

新店开业促销活动等，相信随着活动力度的加大和其他分店的开张，我们的品牌影响力将会不断增强。

申请人承诺

本人承诺：1.以上陈述属实，若有任何虚假信息，愿承担相应法律责任。

2.在同一受理时间内，本项目仅提交给一家基金受理机构。

承诺人签字：　　　　　日期：　年 月 日

四、确定未来的发展方向

1. 确定企业目标

如果你现在要出发了，那么你是不是应该先确定你要去哪里？显然，在你创业之初，也必须明确你未来的经营目标和企业未来的发展方向。

古人云：人无远虑必有近忧。如果你没有明确的企业发展目标，得过且过的话，等你感觉到混乱时，恐怕为时已晚。关于未来的思考包括：你要建立一个中等企业还是生意兴隆的个体户？你是在本地经营到老还是把业务做到全球？在你经营的第一年里，你要做到销售额 50 万元还是 1 000 万元？你想成为有影响的企业家还是小富即安的企业主？

表 4-1 为某创业者企业目标。

表 4-1　某创业者企业目标

目　标	内　容	细　节	分 级 目 标
目标 1	筹建计划	我的公司将于 2020 年 1 月 1 日成立	
目标 2	销售计划	在经营的第一个年度里我计划完成销售额 205 万元	首先完成每月拟定计划。此外，以年初计划确定销售计划。如：在第一个经营年度里，我计划完成两个 40 万元以上的订单，五个 15 万元以上的订单，十个 5 万元以上的订单。本年度我预计完成销售额 205 万元

目　标	内　容	细　节	分　级　目　标
目标 3	还款计划	到 2020 年 6 月，我将实现收支平衡，即：毛利润=成本	通过创业培训，我已经知道了初创阶段应减少固定成本支出，如果在公司成立 6 个月的时候，还不能实现收支平衡，我应该加大市场开发和宣传力度，或者重新考虑市场接受程度和市场潜力问题
目标 4	利润目标	到第一个经营年度末，我将实现净利润 50 万元	利润目标也应该分解到月，甚至周、日，一点一点地完成

2．确定行动策略

在创业前有一个设想，对你的企业未来非常有帮助。因为你只有做得像一个企业家，才会成为企业家，所以，你的定位就是你行动的指南。如果你有了创业的打算，不妨坐下来静静地思考一下：五年后的你是怎样的？你的工厂是否拥有了全套的先进设备？你是坐飞机在跟客户联系业务，还是在给创业者出谋划策？不要以为这些是幻想，正因为你想到，你才可以做到。

五、为了未来的目标，创业者应该制定几个准则

1．尽快把产品推向市场

一些年轻的创业者都犯了追求完美的毛病，尽管很有思路和创新精神，但是显得不够实际。索尼公司的创始人在经营初期，只是因为想成为一名企业家，就坚持在实践中不断地完善自己的产品，以期最大限度地符合顾客的需求。

2．不要把时间浪费在琐事上，要懂得授权

你的主要精力应该放在关注顾客上，你的时间应该放在市场开拓和维护客户上。有关财务、法律、税务等事务应该交给专业人员来打理。

3．不要动摇创业的决心

不要盲目听信关于经营风险的故事，没有风险的地方注定没有机遇，你应该自信地按照自己的计划去做！

第四章　如何制定创业计划书

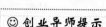

刚开始创业时，万事开头难，事务繁杂，事事都需要创业者去关心、签字、决策。但是，创业者要学会掌握大局，抓住主要矛盾，不要充当多面手，把所有事务都揽在自己身上，要学会把精力放在市场开拓上，用最短的时间去争取第一份订单！

4. 尽量做到规范化

不管是刚开始还是经营中，企业上下，每一个决策都应该做到规范有序。只有这样，你的事业才会有一个良好的开端。

☺ 创业导师提示

做公司，就是做品牌，没有品牌的公司永远都是小本买卖，无法成为强有力的竞争对手。品牌从何而来？就从创业者一开始就坚持规范开始。规范化不是讲排场，而是做事规范化，形象规范化。

所有的行动都遵循着一个不变的准则：为了企业灿烂的明天、辉煌的目标而努力！

课后思考题

1. 你目前有写创业计划书的打算吗？在创业计划书中，创业者最容易忽略的是风险防范，你认为通常市场风险有哪些？

2. 参照案例中的创业计划书的格式，找几个同学一起来模拟一下：假如你来开办这个公司，你将如何运作？在练习中掌握书写商业计划书的要素和写作方式。

第五章　如何筹集创业基金

📖 **本章要点**

通过本章的学习，创业者可以了解创业贷款的融资渠道以及政府优惠贷款的申请条件，同时提醒创业者"勇气比资金更重要"，注意把握自有资金和贷款的比例，明白计算创业启动自己的计算方法和注意事项。

1. 企业没有资金就像人没有血液

当你确定了创业项目，又拟定好了创业计划书之后，就可以确定你的创业项目在启动时所需资金的具体数额了，你就好像已经制造好了一台机器，还需要有润滑剂之后，才可以开始启动，这个资金就好比机器的润滑剂。企业没有资金，就像人没有血液一样，是不能生存的。

2. 银行也是企业，不是慈善机构

企业向银行贷款，一般都被要求出具某种担保。因为银行跟企业一样，是营利性机构，不是慈善机构。因此在企业不能按期归还贷款时，企业用于担保的资产变卖抵债，就是银行为了不至于出现坏账的一种自保手段。从银行的角度来说，储户将钱存入银行，银行必须要保证储户在取款时不会遇到提不到款的麻烦，因此，银行里贷出去的款收不回来是无法跟储户交代的。银行的运作就是基于这样的基本理念。

3. 多种渠道组合融资

那么是否没有担保，创业者就贷不到款呢？或者说，没有担保，银行就绝对不给创业者贷款吗？这些问题跟当前国家的政策是密不可分的。因此，创业者不要因为自己没有担保的财产而放弃向银行贷款，况且，目前为创业准备的融资渠道很多，在很大程度上，政策都给予了优惠，社会上也有很多鼓励和扶持创业的基金和公益基金，这些组织都把扶持青年创业当成了一种社会责任，对年轻的创业者给予了很大的支持。

4. 钱并不是企业成败的根本因素

人们常说："钱不是万能的，而没钱是万万不能的。"可见资金在创业过程中的重要性。但是，白手起家的富豪们也给了我们一些重要的启示：信誉和勇气永远比资金更有用！

> ✿ **白手起家的大富翁**
>
> 对于一个有志于实现自我独立、实现人生价值的创业者，没有钱并不能阻碍他立志创业的志向。古往今来，白手起家的富豪比比皆是。例如：亚洲首富孙正义在他最初创业的时候，要去另外一个城市谈生意，竟然连买火车票的钱都没有。
>
> 世界著名的希尔顿大酒店的创始人唐瑞德•希尔顿，就是用他做小生意得来的五千美元作为第一桶金，买下了他人生的第一家酒店，从此做出了辉煌的事业。所有的财富都是一点点积累起来的，只要你有决心，就没有什么困难可以阻碍你创业的步伐。

第一节 创业融资渠道

在互联网时代，企业的融资方式发生了很大变化，融资渠道也发生了变化，主要有以下几种。

一、自筹资金

在创业者刚刚开始创业时，一般人是很难通过传统渠道的银行、基金融到钱的，尤其是中职生年龄还不足 18 岁，因此获得创业天使投资的概率更低。尽管目前已经有了各种大赛、路演、众创空间等，给创业者很多展示的机会，进而使他们能得到投资人的青睐，但是，大多数的创业者在创业初期的第一笔资金，通常来自于创业者自己、股东、合伙人的自筹资金。

有很多成功的创业者是靠自己最初给别人打工来赚取第一桶金和宝贵的职业经验的。用自己打工积累的钱做创业资金，既有一种白手起家的荣耀感，同时也是一个创业的实习过程。世界上白手起家的企业家比比皆是。

> ✿ **靠自筹资金创业的大学生彭敏**
>
> 到 2012 年，彭敏的企业已经创建了 4 年。
>
> 他创业之前是上海科技学院的一名高职学生。上学期间，他节假日都会到上海市徐汇区的"百脑汇"里兼职打工，为客户组装电脑。在装机的过程中，他不仅学到了电脑组装的知识，找到了销售电脑的渠道，同时也发现了他们营销的缺点，他便率先在电脑城里提出了"整体装机只挣 100 元"，元部件价格全透明。一时间，他的生意好到一个人忙不过来了。
>
> 于是，他用打工积累的钱租了一个摊位，请了几位工人，自己开始了电脑维修、装机服务。到 2009 年毕业那年，他的资产已经超过了 20 万元。于是，他把这个资金作为启动资金，利用自己大学所学的"安防技术专业"知识，注册了"上海讯敏安防技术服务有限公司"，并且在全国大学生创新创业大赛中得了金奖。
>
> 到 2012 年，彭敏已经买了自己的商务车，每年营业额稳定在 300 多万元。彭敏就是上学期间的打工机会，学习创业并积累创业起步资金并发展壮大起来的。

二、天使投资

天使投资（Angel Investment），是权益资本投资的一种形式，是指富有的个人出资协助具有专门技术或独特概念的原创项目或小型初创企业，进行一次性的前期投资。它是风险投资的一种形式，根据天使投资人的投资数量以及对被投资企业可能提供的综合资源进行投资。

天使投资的资金一般来自于民间资本，而非专业的风险投资商。一般来说，天使投资的门槛较低，资金较少，比较适合处于创意阶段的中职生创业项目。

> **✿ 天使基金给他的梦想插上了翅膀**
>
> 　　范志平是上海海洋大学的 2007 年硕士毕业生，2000 年在湖北荆州大学读书期间因为家庭困难，要自谋学费，先后做过家教，卖过电话卡，甚至还开过餐馆。这些经历促使范志平在一毕业就选择了自主创业。
>
> 　　他申请了上海市大学生科技创业基金，并通过了创业项目评估，获得了 30 万元的天使基金，经过"一对一"地创业辅导后，他的"上海齐民信息科技有限公司"便在 2008 年 1 月 20 日开张了。
>
> 　　作为科技型企业，他们研究开发的"农村区域性电子商务与物流"的科研子项目获得了 2008 年第二批国家科技部中小型企业自主创新基金，无偿资助 40 万元，使这个毕业不久的创业者干劲更足了。
>
> 　　目前，范志平的公司接纳了多名大学毕业生的创业实训，创造了几十个工作岗位并且优先聘用大学毕业生，他自己也担任"上海市科技创业中心大学生联合党支部"书记，还在业余时间到上海理工大学辅导创业培训班的学生如何撰写《商业计划书》，他经常在创业者交流会上和在校大学生说这样一句话："试一试才能行，拼一拼就能赢，创业不一定使我们成功，但一定可以让我们成长。"

三、风险投资

　　风险投资也叫 VC（Venture Capital），这是一个舶来的概念，一般是由自由职业投资家投入新兴的、迅速发展的、具有巨大经济发展潜力的企业中的权益资本。所谓"权益资本"，就是股权资本，一般不以贷款等债权形式体现。通常风险投资的投资过程是由专业的风险投资家负责，包括做投资决定、管理投资等。风险投资比较青睐那些处于发展期的，或者处于快速成长期的，在未来有可能成长为独角兽或大企业的公司，它不一定是高科技公司，也可以是新兴公司，比如新浪、百度、分众传媒、携程、阿里巴巴等，最初都是在风险投资支持下发展起来的。

　　风险投资基金又叫创业基金，是当今世界上广泛流行的一种新型投资机构。它以一定的方式吸收机构和个人的资金，投向那些不具备上市资格的中小企业和新兴企业，尤其是高新技术企业。

风险投资基金无须风险企业的资产抵押担保，手续相对简单。它的经营方针是在高风险中追求高收益。风险投资基金多以股份的形式参与投资，其目的就是为了帮助所投资的企业尽快成熟，取得上市资格，从而使资本增值。一旦公司股票上市后，风险投资基金就可以通过证券市场转让股权而收回资金，继续投向其他风险企业。

✿ "饿了么"二次融资获得风险投资 2 000 万元

"饿了么"是中国最专业的网络订餐平台，致力于推进整个餐饮行业的数字化发展进程。它为用户带来方便快捷订餐体验的同时，也为餐厅提供一体化的运营解决方案。"饿了么"秉承"极致、创新、务实"的信仰，致力于推进整个餐饮行业的数字化发展进程。

2008 年 9 月，"饿了么"网站正式上线。

2009 年 2 月，平台支持网络订餐。

2009 年 9 月，推出餐厅运营一体化解决方案，获得上海市"觉群大学生创业基金"10 万元。

2009 年 10 月，日均订单突破 1 000 单。

2010 年 5 月，网站 2.0 版本上线，各方面性能均有所提升。

2010 年 6 月，推出超时赔付体系，建立行业新标准。

2010 年 8 月，获得风险投资 2 000 万元，公司规模扩张，喜迁新址。

2010 年 9 月，订餐范围覆盖全上海，合作餐厅超过 10 000 家。

2010 年 11 月，手机网页订餐平台上线。

2011 年 5 月，年交易额突破 2 000 万元。

2011 年 7 月，成立杭州分公司。

2011 年 7 月，成立北京分公司。

经过十年的创业奋斗，2018 年，饿了么被阿里收购，完成了初创企业到成功企业的蜕变。从饿了么的融资过程可以看出：资本在最初的创业过程中，确实起到了助推作用。

四、私募股权投资

私募股权投资（PE，Private Equity）是指通过私募基金对非上市公司进行的权益性投资。私募股权投资基金选择投资的企业大多数已经到了比较后期的地步，所投企业规模一般较大，产业相对规范。一般私募基金的投资数额是 5 000 万元到数亿元，换去的股份大多数不会超过 20%，一般来说，这通常是企业上市前采取的融资方式。

在我国，通常而言，私募基金（Privately Offered Fund）是指一种针对少数投资者私下（非公开）地募集资金并成立运作的投资基金。他们也关注创业项目这部分资源，投资数额视他们感兴趣的项目而定。国外私募股权基金的发展已经有 30 多年了，目前市场地位仅次于银行贷款和 IPO 的融资手段。

> ✿ 小肥羊在私募基金资助下成功上市
>
> 内地首家获得境外私募基金的餐饮企业是内蒙古小肥羊餐饮连锁公司，并且已在香港成功上市。小肥羊之所以得以大力推进上市步伐，要归功于著名私募机构英国 3i 与普凯基金联手投入的 2 500 万美元（占 30% 的股份）。

五、众筹融资方式

众筹源于美国，2011 年进入中国。众筹融资实际上是指大众筹资或群众筹资，是指用团购和预购的形式，向网友募集项目资金的模式。其主要特点是利用互联网和 SNS 的传播，将自己的创意展示出去，获得公众的关注和支持，甚至是感兴趣的公众的投资。众筹具有更开放的融资模式、更大的融资风险、更大的知名度等特点。但是在 2017 年，政府出台了一系列严管措施，众筹这种融资方式很容易有非法集资、金融欺诈和洗钱的嫌疑，所以目前很多众筹平台都已经关闭，或者在清理中。

六、亲情融资

有资料表明，亲情融资是前几年创业者最普遍的融资方式，也是融资成功率最高的方式。如果你的创业计划需要的资金不是很多，而且你未来的事业也想从小到大慢慢做起，这时，亲戚朋友拿出多年的积蓄来帮助你开业，这种情况在一些传统的小项目融资和南方那些最初创业的年轻人中很常见。因为亲情的关系，大家彼此之间不需要更多的信誉担保，一旦创业失败，亲友的钱还可以慢慢还。但对于比较大的投资项目，一般用亲情融资的方法就不行了。

七、信誉融资

信誉融资是指用你或者你亲属的以往信誉获得贷款人的信任，同意给你贷款或者允许一个账期的融资方式。通俗地说，就是先拿货，约定时间或者货物售出之后再付款。

八、政府资金

我国政府在 2005 年成立了政府引导基金，其运作模式为政府出资设立"母基金"，风险机构出资设立"子基金"，由专门的投资机构运作对企业进行投资，政府起监督管理作用。在 2015 年政府工作报告中指出国家已经设立了 400 亿元的新兴产业创业投资引导基金，为创新创业加油助力。

九、商业银行贷款

商业银行贷款是指商业银行为实现其经营目标而制定的指导贷款业务的各项方针和措施的总称，也是商业银行为贯彻安全性、流动性、营利性三项原则的具体方针与措施。

1. 商业银行贷款政策的主要内容

（1）确定指导银行贷款活动的基本原则，即商业银行的经营目标和经营方针。
（2）明确信贷政策委员会或贷款委员会的组织形式和职责。
（3）建立贷款审批的权限责任制及批准贷款的程序。

（4）规定贷款额度，包括对每一位借款人的贷款最高限额、银行贷款额度占存款或资本的比率。

（5）贷款的抵押或担保。

（6）贷款的定价。

（7）贷款的种类及区域的限制。上述贷款政策的内容应当体现商业银行的经营目的与经营策略，决定商业银行的经营特点和业务方向。

2. 商业银行制定贷款政策的主要依据

（1）所在国的金融法律、法规、政策的财政政策和中央银行的货币政策。

（2）银行的资金来源及其结构，即资本状况及负债结构。

（3）本国经济发展的状况。

（4）银行工作人员的能力和经验。

十、担保机构融资

从 2009 年 4 月 1 日起，上海市试行创业前小额贷款担保，由上海市促进就业专项资金提供担保。

（1）担保对象。具有上海市户籍，35 周岁（含）以下，拟在上海市创办小企业、民办非企业单位、农民专业合作社、个体工商户，且有创业项目的，可以申请创业前小额贷款。

（2）申请条件。① 申请人无违法犯罪行为和不良信用记录。② 申请人已有较为完善的创业项目。

（3）贷款金额和期限。贷款金额最高为 10 万～50 万元，贷款期限最长为一年。

按时还款还可以申请全额贴息。总之，这是上海市政府为了扶持创业和开办小企业而设置的优惠政策。

☺ **创业导师提示**

在国家政策的大力支持和各级各类社会组织的关心和帮助下，中职生创业的资金瓶颈已经有所突破，可以说，只要你有好的经营设想，寻找创业贷款并不是一件很难的事，难的是如何找到商机，如何最大限度地体现当代大学生的自身价值。

中职生创业指导

第二节　投资计划和启动资金估算

创业者在开始融资前，必须对自己的创业项目进行一次投资规划，并根据这个初步的计划估算出整个项目启动时需要投入的资金数，然后根据这个数字，再加上一定比例的不确定因素，最后得出一个准确的数字，进入创业融资阶段。

一、融资前需要权衡几个因素

1. 创业者的自由和独立的价值最珍贵

创业意味着自己做自己的主人，不需要按照别人的命令行事，这就是创业带给你的独立和自由！作为自负盈亏的独立经营者，你所做的每一个决定唯一要考虑的，仅仅是顾客和市场的需求，而不是别人的眼色。

2. 得到基金会削弱你的自主权

这个可贵的自由的感觉，你愿意为了获得银行或基金的资金而放弃吗？世界上没有免费的午餐。一旦某些基金融资给你之后，你的经营决策就要受制于人：天使基金会用占用你企业股份的方式给你投资；银行会要求你按期给他们财务报表，还会有业务人员经常来你的企业"视察"。

3. 金融资本会干扰你独立决策

当你得到贷款后，尽管银行贷款人员对经营知之甚少，但是同样出于为了规避风险的目的，而会善意地阻止你去冒险，但这样的规劝会使你的经营热情受到无情的打击。

> ☺ 创业导师提示
>
> 　　天使基金和风险基金的介入，可能会使你的经营权实质性地转移给了他们：有的基金批给你也并不是划在你的账上由你任意使用，如果有条款规定在你使用时要提出申请并得到他们同意批准，你就有可能会错过商机。

二、必须做好投资规划

1. 千万不要低估项目的潜伏期

再好的经营项目也不会马上就有利润收入。任何创业项目从启动到盈利，都需要一个潜伏期，这个潜伏期的长短，与行业和企业规模有关。企业也和人一样，有它的生命周期。正所谓"播种有时，开花有时，结果有时"，产业在不同的阶段有不同的特征。所以，在创业初期，你的启动资金就是你创业最初投资的主要资金来源。在创业者的创业过程中，妥善处理好企业的财务问题，是至关重要的一步。

☺ 创业导师提示

    一般创业者都会低估这个潜伏期的时间，你必须做好思想准备，开始时有可能好几个月都没有收入，开销却很大，有时货款也不能马上回笼，因此，你必须提前做出预算和储备。

2. 不要把眼光只瞄准基金和政府贷款

我们在创业辅导中，看到很多年轻的创业者，在确定了创业项目以后，不去寻找其他融资方式、不去研究市场需求、不去考虑如何白手起家从小做起，而是一开始就只想到融资，把创业基金和银行贷款作为第一融资目标。

3. 设计合理的资金组合有利于降低经营风险

在创业启动资金的组合上，创业指导专家建议最好有一个合理的资金组合比例。例如：在创业早期，你可用的最高资金金额中有 1/3 是你的自有资金，外来资金最好不要超过 2/3 的份额。

☺ 创业导师提示

    研究创业成败案例结论表明：如果你的自有资金不足 1/3 时，你和银行的资金风险都会加大。

表 5-1 为某创业者第一笔财务账单。

中职生创业指导

表 5-1　某创业者第一笔财务账单

序　　号	项　　目	金额/元
1	创业者的自有资金	200 000
2	外来资金	100 000
3	创业贷款	300 000
合计	启动资金	600 000

4. 尽量多地留好储备金

你必须对从开业到盈利阶段的资金储备做足够的预算和储备。因此你首先要把资金看成是个人和外来资金各占 1/2 来估算比较稳妥。因为这个时期的储备金到底需要多少，实在是一个难以确定的数字，但是无可置疑的是，资金断流会引发经营不下去而导致创业失败。

一般需要把企业没有收入的时间按三个月（或者更长）来计算，所以，储备金应不低于三个月的固定成本总和。

☺ 创业导师提示

在现实中创业者租房时，房租一般的支付方法是押一付三，就是押金一个月预付三个月、先付后用，即一次性需要支付四个月的房租。

表 5-2 为某企业储备金预算。

表 5-2　某企业储备金预算

项　　目	预 计 金 额
计划企业筹备时间 +从开张到收到第一笔收入需要	3 个月 3 个月
=企业初始阶段	6 个月
经营费用（房租、水电费、人员工资） +办公费、杂费	30 000 元 5 000 元
=企业初始阶段月开支	35 000 元
=企业储备资金（时间×月开支）	105 000 元

☺ 创业导师提示

除了合理规划支出外，你必须始终保证储备金的充足。这意味着，你账面上始终有足够的盈余，以防出现支付危机！

三、创业项目启动资金预测

创业启动和筹建时可以动用的钱，就是表 5-1 中那三项合计的数字。建议创业者列出一个详细的表格，把你要投资购买和必须花的费用列出一个明细表，以免超出预算。表 5-3 为某创业项目首期投入资金估算表。

表 5-3　某创业项目首期投入资金估算表

投 资 项 目	具 体 内 容	估 算 金 额
固定资产投资	地产	0
	+新建厂房	0
	+办公楼房	0
	+场地装修	100 000 元
	+购置机器	120 000 元
固定资产投资	+办公设备	40 000 元

	=投资所需资金	260 000 元
原材料首期进货	预计年原材料库存周转量	1 000 000 元
	÷年均原材料周转次数	10 次

	=原材料库存所需资金	100 000 元
经营费用	员工工资（按三个月合计数计）	90 000 元
	+房租（押一付三，按四个月计）	80 000 元
	+开办费	50 000 元

	=初创期所需流动资金	220 000 元
合　计		580 000 元

四、预估创业资金时应注意的问题

1．要把不确定费用计算进去

在你估算创业启动资金时，最后在固定资产和流动资产总和上，还要把总额乘以一个系数作为不确定费用，一般估算企业的不确定费用为 3%～5%，建议创业者按 5%～10% 计算即可。这个不确定费用，是为了应对那些意料之外的支出的。

2. 你的信念和干劲比贷款更重要

真正的勇士，敢于直面人生的挑战。这个世界上，白手起家的富豪很多，从小做大的企业家数不胜数。你必须清楚：政府的创业基金也是一种贷款，虽然条件很优惠，但终究是要还的，其实，还有更合算的融资形式。暂时的资金短缺，也许正是你奋力拼搏、争取客户的动力。

> ☆ **善用厂家付款期限开始创业的温然**
>
> 温然大学毕业后创立了自己的公司，三年内他的企业销售额已经超过了1 000 万元。在创业初期，他和所有创业者一样，首先遇到的就是"钱"的问题。
>
> 但是他开始做生意时并没有使用银行的贷款。他说"我那时业务没有时间等贷款到了再做了"，于是，在一位朋友的帮助下，他获得了电器供应商两周的付款期限，他这时已经联系好了用户，可以保证货物在两周内可以脱手，并且收回货款。这样周转了几轮下来之后，他的利润逐渐得到积累，业务也越做越大了。
>
> 当别人在争取更多资金时，他把精力用在了市场开拓上，他说："我认为我的创业思路未必会得到银行的支持，因为我发现银行和主管部门对经营之道知之甚少，而且他们也不愿为支持新的产业而去冒很大风险。"

第五章 如何筹集创业基金

第三节 怎样计算投资回收期和盈亏平衡点

一、怎样找到保本销量

创业者开始创业后，一定要首先学会计算盈亏平衡点，必须对自己的经营状况做到心中有数，并且在以后的经营活动中，严格财务制度，做好经营情况的统计和分析。

企业在各个发展阶段对财务管理的要求也不尽相同，关于成本控制、现金管理等将在下文讲解，这里先介绍保本销量的计算方法。

所谓保本销量，就是企业在不赔不赚的时候的销量。

盈亏平衡时：月总利润=总成本

这时的营业额或者销量，就叫保本销量，这个数字也就是盈亏平衡点。

二、毛利和纯利

衡量企业盈利能力的指标是利润，计算公式为：

营业利润=营业额-总成本=营业额-（固定成本+流动成本）

例如，某商店当日营业额为 24 000 元，总成本为 16 000 元，则利润为：

纯利润=24 000-16 000=8 000（元）

毛利的计算公式为：

毛利=营业额-进货成本

这时的成本里不包括在摊位费用和营业费用、固定资产折旧等，仅仅是指进价。

例如，小王在她的服装店里卖了一条裤子，销售收入 150 元，但这条裤子的进价为 100 元，毛利就是：

150-100=50（元）

☺ 创业导师提示

创业者必须要有成本的概念，就是说，在这 50 元的毛利中，你还需要支出你店铺的房租、人工费、水电费以及固定资产的折旧等成本后，才是你的纯利润等。

三、如何计算投资回收期

投资回收期的计算，可以帮助创业者明白他的所有投入都需要一定的时间才可以挣回来。也就是说不论创业启动资金的来源是亲情融资、个人积蓄、银行贷款还是基金扶持，都需要创业者用利润的积累，一点点来抵偿的。因此说，首期投资越大，投资回收期越长。这就是大多数企业都是从小做大的原因之一。

投资少，回收快，可以很快收到盈利的效果；投资大，回收慢，会有很长时间的经营都是为了收回投资。

投资回收期计算公式为：

$$投资回收期=投资总额÷月利润=可以收回的月份数$$

例如，某小企业总投资 18 万元，月盈利 8 000 元，则投资回收期是：

$$180\,000÷8\,000=22.5（月）$$

第四节　案 例 学 习

☆ 案例 1　注册企业时需要注意容易出现的"零首付"三误读

1. "零首付"≠零财务

因为开业时不用注入注册资本，很多"零首付"公司的学生往往会忽略开业初期公司的财务报表、财务计划，这样做最终会导致公司财务混乱，直接影响到公司业务的开展。要知道"零首付"必须在规定的时间里注入规定的注册资本，否则，将被注销或停业。因此，注册"零首付"的公司必须非常重视起步阶段的财务工作。

2. "零首付"≠零股东

对于注册"零首付"的企业，很多打算创业的学生往往忽视注册公司的股权关系，即随意确定注册公司股权比例。虽然注册时是"零首付"，但注册的资本还需要在规定的时间里注入，股权的多少还决定了分配和债权债务所需承担责任的大小。因此，忽视股权关系，最终容易发生股东之间的矛盾纠纷，也很可能丧失自己应有的权益。

3. "零首付"≠注册 50 万元资本

因为开业时不用注入注册资本，很多创业的学生往往雄心勃勃，心气很高，按最高的注册资本 50 万元注册。其实，注册"零首付"企业的竞争优势不在于注册资本的大小，而在于企业的产品和核心竞争力，况且注册资本越大，承担的责任就越大，因此，刚开始创业的学生切莫贪大求全，盲目注册资本金过高的企业。

☺ **创业导师提示**

俗话说"创业容易守业难"。企业开办，公司开张，仅仅是创业迈出了第一步，更多的考验还在前面等待着年轻的创业者。因此，认真学习企业经营的知识，增强自己企业管理的能力才是最主要的，企业的注册资金并不代表创业者的经营能力。

从小做大，脚踏实地，是学生创业者最应该树立的经营理念。

☼ **案例 2　青海青年创业小额贷款为学生创业解决资金"瓶颈"**

青海交通职业技术学院的学生李铁沿、杨根万、阳忠新和赵明平大学毕业后，一直想自主创业，可刚毕业没有积蓄，苦于没有启动资金，无法实现自己的梦想。

就在他们一筹莫展的时候，他们计划成立的"浪治家政服务公司"竟然首批获得了"青海青年创业小额贷款"，这 10 万元启动资金，使他们实现了创业的愿望。

☺ **创业导师提示**

在国家政策的大力支持和各级各类社会组织的关心和帮助下，学生创业的资金瓶颈已经有所突破，可以说，只要你有好的经营设想，寻找创业贷款，并不是一件很难的事。难的是如何找到商机，如何最大限度地体现当代学生的自身价值。

☼ **案例 3　上海市大学生创业优惠政策**

1. 大学毕业生创业享受四项优惠政策

根据国家和上海市政府有关规定，上海地区应届大学毕业生创业可享受免费风险评估、免费政策培训、无偿贷款担保及部分税费减免四项优惠政策。

具体包括：

高校毕业生（含大学专科、大学本科、研究生）从事个体经营的，自批准经营之日起，三年内免交个体户登记注册费、个体户管理费、经济合同示范文本工本费等。此外，如果成立非正规企业，只需到所在区县街道的开业指导中心进行登记，即可免税三年。

自主创业的大学生，向银行申请创业前贷款担保额度最高可达 10 万元，并享受贷款贴息。已经开办的小企业，申请小企业贷款最高额已经达到 50 万元。

中职生创业指导

上海市设立了专门针对应届大学生的教育培训中心，免费为大学生提供项目风险评估和指导，还有一批经验丰富的开业指导专家免费提供咨询，以帮助大学生更好地把握市场机会。

2. 成立科技创业基金

从 2006 年起，上海市政府将连续五年，每年投入 1 亿元用于大学生科技创业基金，帮助大学生在科技领域创业。

3. 设立大学生创业"天使基金"

大学生开办企业可获得 5 万～100 万元的支持，要求创业者自有资金和天使基金的投入比例是 1：1，天使基金以股份形式加入创业团队，因此，即使创业失败，也无须创业者承担赔偿。这个基金是专门为了激发大学生创业热情而设立的。

"天使基金"将根据学生申报计划，严格评估学生的创业项目，然后确定实际支持金额。这笔资金虽以股份形式投入到学生企业中，但获利部分将成为创业者的利润，而一旦失败，也无须创业者还款。

在创业之前，专门机构对学生科技创业者进行创业培训，相关部门为大学生免费提供工商注册登记、纳税申报、发票管理等服务。

☺ **创业导师提示**

随着社会的发展，大学教育越来越接近大众普及教育，教育目标也从学历教育逐步转向能力教育，因此，创业作为学生们的一种职业选择，必将成为一种潮流。在各级政府的关心和扶持下，中职生创业也迎来了前所未有的高潮。把握时机，把握命运，成功之路就在脚下！

课后思考题

1. 了解一下当地对学生创业的优惠政策，你觉得当前中职生创业最大的障碍是什么？

2. 你认为中职生创业成功率不高的原因主要是什么？

第六章　如何带好创业团队

📖 **本章要点**

本章主要内容均围绕团队合作的重要性以及如何构建一个有核心竞争力的团队，使创业者在案例的分析过程中，明白如何构建团队、如何领导团队，团队合作成功与否与创业成败息息相关。

创业者可以依靠团队的力量，展示自己超凡的领导力。

1. 互补型合作伙伴

对一个创业者来说，最难的事有两件：一是寻找到能够胜任业务的人；二是可以寻找到可以信赖的人。如果你能与可以信赖的人在一起合作，而他又可以处理重要的业务，那么无疑你们将是最好的拍档，他可以助你一臂之力。而经验表明，如果一对能人要在一起工作，那么关键的一点就是：这两个人必须是并列的关系，不应让团队中的两个能人做同一类事。最好两个人是互补型的。

2. 多用外脑，团队出击

在创业初期，你的事业就像刚刚出土的幼苗，稚嫩、脆弱、经不起打击，也许一点失误就会让大家前功尽弃。因此，遇事要多利用外脑来帮助你思考，有事多和团队的人商量，每一步投资和决策，都应该如履薄冰，力求万无一失。

3. 正确的决策，需要倾听反对的意见

协调是创业过程中最好的一种方式，创业者需要有人给他提出忠告。当然并不需要他对别人的忠告言听计从，他必须自己做出最后的决定，值得注意的是，这样他可以得到不同的观点，在自己愚蠢行事时有人指出来。

有一位老板竟然拥有一群挑剔的朋友，这种挑剔不是理论上的，而是操作范畴的。他希望这批人天天围住他，必须指出他的诸多错误。只有从不同的角度去看待问题，才会得出相对正确的答案。

4. 谁拥有人才，谁就拥有未来

现代社会已经不是个人英雄主义的时代了，现在的竞争都是团队合力的竞争，竞争的最后，就是看谁拥有最好的人才、最紧密的合作伙伴、最多的资源。因此，要重视团队荣誉，时刻给你的顾客一个团结向上、乐观进取的团队形象。也只有这样，你才可以在激烈的竞争中取得最后的胜利。

我国古代最成功的团队合作的典范就应该是"三个臭皮匠赛过诸葛亮"了，这句谚语充分说明了团队合作成功的力量和必要性。但是也有关于团队合作不成功的俗语，如"一个和尚挑水吃，二个和尚抬水吃，三个和尚没水吃"，就是典型的团队合作失败的写照。因此，团队合作是否和谐、有力，对创业是否成功是非常关键的。

第一节　让合适的人做最合适的事

一、学会用人是创业者的必修课

都说领导要"用人不疑疑人不用"，但是，"人尽其才物尽其用"也非常重要。正如世界上没有完全相同的两片叶子一样，世界上也没有完全一样的两个人，每个人都有自己的个性，都有自己的性格偏好和个性特征，因此，创业者作为团队的领头羊，就要熟悉和了解你团队里每个人的特点，并根据他们的特点来安排他们到合适的岗位上，这就是知人善任。

二、善于识人是创业者的基本功

对于一个创业者来说，正确的用人之道是要充分发挥一个人的长处和优势，避开其短处和劣势，知人善任。用人可以按特长领域来任用，也可以根据人的变化特长来任用，即同一个人在不同的时期可能表现不同，用人者还应把握人才的最佳状态，充分调动人才的能动性和创造性，激发出下属的潜能，以最好的状态投入到自己的工作中去。

> ☆ **从小做大的服装企业**
>
> 　　改革开放以来，有好多个体服装加工企业一步步壮大，成为全国有名的服装品牌。它们的成功经验在哪里？就是其决策者懂得运用人才领先的战略领跑盈利模式，湖南圣得西就是一个典型例子。
>
> 　　正是因为他们很有见地地请来了意大利著名设计师，才有了一流的品质、一流的品牌。
>
> 　　如今的品牌不是谁都能赶上的，没有一流的人才就绝对不能。坚定领先的意识，企业家就会致力于领先的产业、领先的人才、领先的技术，每一步环环相扣，于是永远在战略上领跑。想到别人没有想到的，就等于赢了第一步；做到别人想到的，就等于赢了第二步；赢了别人渴望的，就成了真正的赢家。

第二节　从弦乐四重奏谈团队合作

一、弦乐四重奏的特点

1. 目标一致，分工明确

　　参加弦乐四重奏的四个人，就是一个团队，他们合作的目标就是：共奏一曲。就跟我们说的几个人一起创业的团队一样，互相配合，各有分工，共同的目标是：把企业做好，获得盈利。

　　弦乐四重奏是由两个小提琴、一个中提琴和一个大提琴组成的。每个演奏者除了要有高超的技艺之外，还要有合作的技巧。他们每个人要独自负责一个声部，没有指挥，因为每个声部是不同时出现的，每个人都在全神贯注地聆听合作者的声音，准确、恰当地发出自己的声音，合成一曲美妙的音乐。四人之中任何一位单独出来演奏，都没有四个人合作后的效果那样令人震撼、令人陶醉！

☺ **创业导师提示**

　　著名作家雨果曾经说过：弦乐四重奏，就像四个人在交谈，第一小提琴是一位中年人，她负责引出话题；第二小提琴发出附和的声音；大提琴是位老者，发出肯定的声音；中提琴是位老妇人，在一边讲着无关紧要的话。

2. 配合默契，出奇制胜

　　演奏者技艺精湛，分别占不同的声部，互相认真聆听，准确适时地发声，合作共谱一曲，这就是弦乐四重奏对演出人员的要求。如果说一个团队要合作默契，是不是也应该这样要求各位呢？看过很多成功的案例，都是"罗马军团"，单个作战并不出众，团队合作，出奇制胜！

二、优秀团队的特点

1. 团队成员有一个共同的目标

　　人们互相吸引的因素不外乎外貌、接近、相似、互补、报偿。一个团队的成员，有相同的价值观也相当重要。

2. 团队成员之间合作既有原则又有风度

　　因每个人所处的角度不同，要有自己的原则，说出自己的见解，但意见不同时，又要有风度，站在他人的角度再考虑一下。

3. 团队成员要能力互补，各有所长

　　结构决定属性，属性决定功能，功能决定绩效。能力互补，各有所长，独当一面，优化结构很重要。郎平时代的女排，就是因为有了一个好的团队结构，所以她们才可以取得五连冠的成绩。

☺ **创业导师提示**

　　如果注重团队合作，一个团队就大大提升了核心竞争力。

第三节　从唐僧师徒谈领导者魅力

无论是怎样的团队，都有一个核心人物，就是这个团队的领导者，在企业初创期，创业者就是这个领导者。而一个团队的绩效如何，关键也取决于这个领导者的胸怀和魅力。

最令人敬佩的团队是《西游记》里的师徒四人，他们历经磨难，实现了最后的目标。四大名著中，只有《西游记》中师徒四人是一个成功的团队，其他的到最后都是一盘散沙。究其根本原因，是因为他们拥有一个好领导——唐僧。

一、唐僧的领导者魅力

1．优秀的协调者

唐僧不高估自己，有自知之明，他不会用自己的短处来应对这个世界，这就是他的长处。领导不需要专业技能特别优秀，但他要善于把最优秀的人集合到自己手下，让他们为自己工作。

2．对手下人宽容

唐僧对自己的徒弟很宽容，特别是对最重要也是最有个性的孙悟空。

3．善于用人

让每个下属的长处都有施展的空间。唐僧就是很好发挥了他三个徒弟的长处。一个团队需要个性化的成员共存，现在流行的二八理论，在团队中就是：80%的工作是由20%的人做出来的，剩下的80%的人只做20%的工作。

4．有明确的愿景目标

唐僧对团队的目标坚定不移，信心坚定。有位管理学家说过：用一句话来概括领导，就是为团队成员提供一个愿景目标，下属也都愿意跟随一个有愿景的领导。

5. 心态平和，不急功近利

唐僧遇到阻碍不灰心，取得成绩不沾沾自喜，一步一步接近自己的目标，始终保持良好的心态。这是领导者魅力的核心部分，因为一个领导者遇到的困难要比任何一个下属遇到的都要多、都要严重。

6. 对属下恩威并重

唐僧对每一个徒弟都有恩情，但对他们从来都是赏罚分明。

7. 有后台

后台对于一个领导者是可被利用的资源，充分利用这个资源有利于团队目标的实现。关键时刻，请观音菩萨出手，有助于唐僧师徒实现自己的目标。

8. 形象好

团队最主要形象取决于领导的形象，这个形象是指外在和内在的结合。保持良好的形象是领导者必备的素质之一。

二、领导者的概念的发展阶段

1. 最初的领导者称为 leader，是领导者

作为一个优秀的英雄，他有能力、有权威，可以发号施令，能带领属下达成目标，但是，若这个人倒下，集体就不复存在了。

2. 二十世纪中叶领导者称为 manager，是管理者

作为一个团队的负责人，并不是最优秀和最有权力的。

3. 在新世纪领导者称为 coordinator，是协调者

作为一个控制人流、物流、现金流的人，他可以让人力、财力、物力以一种合适的方式对接、搭配、流动。

在企业发展的最初阶段，创业者的个人魅力确实在企业凝聚力上发挥了重要的作用。但是，当企业发展到一定阶段之后，就需要创始人启用具有比较高超的协调

能力和处理各方面关系、情商高于智商的人来当领头羊；因为依靠个人英雄主义的企业是长不大的。有前途、有潜力的企业一定是一个要求团队作战、谋求共赢的团队，个人英雄主义已经不符合成熟企业发展的要求了。

第四节　同舟共济　成就梦想

一、团队合作成败直接影响企业成败

　　这是一个铸就团队的时代，同舟共济就需要创业者要用心搞好团队建设。企业的管理活动都是围绕企业的目标展开的，而企业的目标需要通过许多人的集体活动才能实现。即使企业制定了明确的目标，但是由于企业中的成员对目标的理解、对技术的掌握以及对客观情况的认识不同，或者因为他们个体在知识、能力、信念上的差异而表现各有不同。如果大家在思想认识上有分歧，就会出现在行动上有偏差的现象。所以，创业者要懂得团队建设，让团队成员都树立同舟共济的意识，才能成就梦想。

> ✿ **同舟共济，才能成就梦想**
>
> 　　在上海海洋大学里，有一个攻克了水母人工养殖课题的高才生，名叫王楠。王楠在毕业时，就用这个颇有技术含量和难度的科技项目，开始了自己的创业之旅。
>
> 　　他首先攻克了水母在人工海水下养殖的难题，紧接着又在老师的帮助下，成功解决了水母的人工繁育课题，于是，他创业的企业里，从此就有了漂亮的水母观赏缸——类似我们常见的热带鱼缸一样，在清澈的水里，游动着彩色的水母，美丽而让人喜爱。
>
> 　　为了开办公司，他找到了一个跟他性格不同但优势互补的搭档张玉：王楠是技术型的，可以负责公司的技术问题；而张玉是营销型的，可以负责公司的销售和外联工作。
>
> 　　公司在天使基金的帮助下顺利开张了，由于产品填补了市场空白，一时间

中职生创业指导

生意兴隆，他俩好不开心。

但是好景不长，渐渐地王楠发现公司的业务很好，可就是不盈利。他细心地观察和打探之后，发现张玉已经在外边又重新开了自己的公司。

是沟通不够？还是利益分配不均？还是其他原因？一心只顾技术改进的王楠，也确实缺乏企业管理知识。总之，在他们创业失败的诸多原因里，这对因为彼此优势互补而结合的团队，却因为彼此之间的诚信问题，导致团队合作失败了，也导致了创业失败。

由此可见，建立良好的诚信不仅是企业对外开展营销时应注意的问题，也是企业内部团队成功合作时必须遵守的前提。

☺ 创业导师提示

分析近年来学生创业的个案，因为财务问题导致经营失败的占 68.8%，处于第一位；因为信息匮乏而过高估计自己产品的市场需求而导致失败的占 61%；因为团队不和而导致企业失败的占 50%，居于第三位。可见，铸就一个配合默契的团队多么重要！

二、营造相互信任的团队氛围

在情感上相互信任，是一个团队最坚实的合作基础。只有这样，才能给团队成员一种安全感，只有信任他，他才会把公司当成自己的，并以之作为施展个人才华的舞台。

✿ 与合作伙伴的共赢才是长久之道

有一次，李嘉诚应邀到中山大学演讲，学生们请教他有关经商的秘诀。

李嘉诚说，他经商其实并没有掌握什么秘诀，如果非说有什么秘诀的话，那就是"我与人合作，如果赚 10% 是正常的，赚 11% 也是应该的，那我只取 9%，所以我的合作伙伴就越来越多，遍布全世界"。

与此相反，我们看到过许多曾经一起艰苦创业、"同甘苦"的伙伴，却在创业刚刚取得一点成绩时，做不到"共富贵"。创业者队伍中也有些"吃独食"的老板，而这样的老板最后必将导致合作伙伴的流失。

☺ 创业导师提示

　　作为创业团队中的一分子，我们必须明白，只有共赢才是赢，只有互惠互利的关系才会长久，我们只有在"情感"和"利益"上实现自我超越，懂得和学会将更多的利益与人分享，才有可能成就更伟大的事业。

三、有良好的约束机制

　　建立一个良好的约束机制对团队的后续发展至关重要。通常一个团队的生命周期也不是很长，随时处于变化之中，因此团队的组合也有其随机性：为了创业而组合，或者为了一个项目而组合，所以，在团队里除了分工明确之外，每个成员还应该跟团队签署一个协议，明确每个人的权利和义务，制定好要达到的目标和必要的奖惩条例。

✿ 懂得授权的总经理

　　有一家经营环保材料的公司，总经理就跟员工同在一个大厅里办公，每个员工站起来，就可以看到总经理在干什么。不仅遇到问题大家一起商量，而且凡是经过总经理授权的事，员工就可以自己去发挥主观能动性去完成，完成好的，还会得到表扬和鼓励。

☺ 创业导师提示

　　授权，不仅可以把老板从事无巨细一把抓中解脱出来，也是对员工的一种信任。信任会激发员工的心理依从感，也会增加员工对公司的情感认同。

四、团队领导需要有宽阔的胸怀

　　刘备是个非常注重别人对他态度的人，三顾茅庐请来了诸葛亮，但是，这个团队最后还是没有逃脱失败的结局。曹操不管这些，唯才是用，最后成就大业。

　　创业是一个企业从无到有的过程，这个过程既是对个人意志力的考验，也是对创业者胸怀的考验，看你能不能听取不同意见者的建议，看你能不能正确看待手下人的顶撞，因为一个企业要获得利润，依靠的不仅仅是顺从的人，更需要有才能的人。

第六章　如何带好创业团队

> ☼ **一个人的成就大小取决于他的度量**
>
> 　　林肯是一位深受美国人民爱戴和怀念的总统，他其貌不扬，没有显赫的出身，于是在他刚刚入驻白宫担任总统时，有很多下属并不买账。
>
> 　　陆军部长斯坦东声称："我不愿意同一个笨蛋、老憨、长臂猿为伍。"他甚至公开对林肯冷嘲热讽："人们为什么要去非洲寻找大猩猩，现在坐在白宫中抓耳挠腮决定命运的不就是吗？"林肯听后说："我决心牺牲一部分自尊，要委派斯坦东任陆军部长。因为他绝对忠于国家，富有力量和知识，像电动机一样工作不息。"

> ☺ **创业导师提示**
>
> 　　一个人的度量决定了他成就的高度，尤其是团队的带头人，一个胸怀宽广的人，一定可以得到有才能的人相助，所以创业者要时刻牢记以大局为重，不计较眼前的利益，高瞻远瞩。

五、建立有效的沟通机制

　　信任和理解不是一句空话，而交流和沟通，可以消除一切误会。有时候，员工的人心不齐，或者对公司信心不足，都是上下沟通不畅造成的，创业者要不断地把企业的愿景描述给员工，同时也要让员工理解要实现这个美好的愿景，就需要大家每天都踏踏实实地工作，一点点地为未来添砖加瓦。

> ☼ **振华港机的细节**
>
> 　　在上海财经频道，主持人叶蓉采访振华港机的董事长管彤贤时，发现他的名片上手机、办公电话、家庭电话一应俱全，好奇地问他，您不怕打扰吗？管董说："属下有委屈需要诉说，我要听；有举报干部贪污受贿等违纪违规事件的，我也要听，并且要亲自处理。"
>
> 　　可见，不论企业大小，保持畅通的沟通渠道，对企业的良性发展是很重要的。

第五节 案例学习

> ✿ **案例1 创业梦想成为现实——捷联公司评估扶持的学生创业故事之一**
>
>   汤臣龙和张一腾是上海理工大学同一个寝室的室友,平日里一起上课、一起下课,几乎形影不离,情同手足。如果你在校园中偶然遇到他俩,一定会将他们视为普通的学生,不会引起你任何好奇。
>
>   提起学校第五食堂旁的"水晶锅贴",同学们都不会陌生。这家以风味独特、价格合理而著称的小吃店在校园里拥有大批固定客源。可你不会料到,这家"其貌不扬"的小吃店在不到两年的时间里就发展成了拥有七家连锁店的"好味餐饮有限公司",更令人吃惊的是,公司的"掌门人"竟是2009年的应届毕业生——汤臣龙和张一腾。
>
>   **不打不相识**
>
>   缘分往往很奇妙,汤臣龙和张一腾的相识充满了戏剧性。
>
>   两人的缘分始于南汇的篮球场。作为各自专业的主力,汤臣龙与张一腾在大一的一场学院内部对抗赛上初次相遇。由于位置相同,两人在比赛中常常针锋相对,发生了不少摩擦,彼此之间都没有给对方留下好的印象。比赛后,汤臣龙与张一腾较上了劲,之后每次碰面,双方总是口角不断、互不相让。然而,这对矛盾不断的"死敌"间的关系却因为一个偶然的安排发生了转机。从南汇回到总校区,校内的出版学院需要成立篮球队,球技出众的汤臣龙与张一腾双双入选,二人从对手变成了队友。在互相磨合的过程中,矛盾渐渐变成了动力。尽管来自不同的地域,性格也大相径庭,但随着相知渐深,汤臣龙与张一腾之间也越来越投合,两人都从对方身上发现了优点,一种惺惺相惜之感油然而生。经过协商调配,原来"相隔千里"的汤张二人搬进了同一间寝室,从此"化敌为友"。
>
>   **创业之路**
>
>   与很多人找不到工作才选择创业不同,汤臣龙与张一腾从很早就坚定了自

中职生创业指导

己的计划。经过一番详细的调查，两人一致认为，依托背后稳定的学生消费市场，发展迎合学生们需要的业务是他们的创业之本。2006 年年底，汤臣龙和张一腾与几个同学入股，在学校里租了一个小摊位，加盟了"茶风暴"，开始了第一次创业之旅。依靠"茶风暴"成熟的体系和运作模式，再加上有力的宣传和监管，小店的生意十分火爆。"初战告捷"给了汤臣龙和张一腾极大的自信，在充分锻炼了经营头脑的同时，两人也摸索出一套完整的经营模式和操作流程，一个大胆的想法也随之浮现在两人的脑海中——打造属于自己的品牌。于是，两人在大三的时候，盘下了学校附近的一个店铺，做起了上海的传统小吃——锅贴。由于准备充分、价格公道，锅贴店很快得到同学们的青睐，成功的喜悦涌动在二人心中。

成功贵在坚持

正当汤臣龙与张一腾的事业步入正轨的时候，命运却跟他俩开了一个玩笑。2007 年年底，好不容易经营成功的锅贴店被一场大火烧毁。这场大火所造成的不仅仅是经济上的损失，更是对两人心理上的巨大打击。在残酷的现实面前，当初一起入股创业的几个同学纷纷离去，只剩下了汤臣龙和张一腾。"谁说我们就这样结束了，锅贴店一定要再开起来。"正是抱着这样的信念，一家崭新的锅贴店又重新开张了。历经磨难的汤臣龙和张一腾倍加珍惜这次来之不易的机会。一次机缘巧合，让两人结识了一位富有多年锅贴经营经验的技师。在他的帮助下，锅贴店开发出了新的品种——"水晶锅贴"，改良了原来的运作手段，生意也越来越红火。后来，汤、张两人的锅贴店又走进了复旦大学、同济大学等其他兄弟院校，"水晶锅贴"终于在上海高校界打响了自己的品牌。"现在回想当初，那个时候能够撑下来真的很不容易。许多与我们一样怀揣着创业梦想的学生在能力上并不比我们差，但他们在遇到困难时选择了放弃，而我们却坚持了下来，这大概就是我们取得成功的原因吧。"他俩不无感慨地说。

共同的梦想铸就"黄金搭档"

在汤臣龙与张一腾的"微型小吃王国"中，汤臣龙负责日常事务的执行和财务管理，张一腾负责宣传和策划，一个主内一个主外，优势互补，配合默契。

仅仅是因为两个人具有相同的价值观，因此建立起了牢不可破的合作关系吗？秘诀何在？汤臣龙给出的答案是共同的梦想。"我们都有一个共同的梦想，利用我们自己的经营方式和理念，把小吃店做大做强，有朝一日能够冲出校园，走向社会。"基于这个共同的梦想，两人之间有了彼此的信任，即使在对某一问题有不同看法的时候，两个人也能坐下来认真沟通，一起讨论，共同解决问题。而且，一旦决定了一件事，两个人就坚定不移地朝着一个方向迈进，绝不回头。

现在，汤臣龙和张一腾已经实现了他们走出校园的梦想，不仅在杨浦区霍山路 1085 号开出了一家"好味美食广场"，而且即将在上海最繁华地段之一的徐家汇，开出一个更大的"好味美食旗舰店"了，这里不仅仅有二人团队合作成功的因素，也是社会各界给予极大支持与关注的结果。

☺ **创业导师提示**

研究表明，组建团队和团队管理是成功创业者需要具备的主要能力之一。团队合作的基石是有共同的愿景和价值观，因此，创业者如果可以提出一套凝聚人心的愿景和经营理念，作为互信和利益分享的基础，对团队合作成功起着非常重要的作用。

课后思考题

1. 思考一下，假如你要创业，如何选择合作伙伴？

2. 如果你是一个创业者，你将如何建立你团队的管理制度，以保证沟通及时？

3. 你认为一个团队需不需要定期的人事变动或者岗位轮换？

4. 考虑一下，假如你开始创业的话，怎样进行人才选拔和任用？是用猎头公司挖人，还是在熟悉的人里寻找？

第七章 如何做好创业初期的营销管理

📖 本章要点

　　本章讲述了产品生命周期的原理，使创业者掌握在合适的时机进入市场，以及产品生命周期与产品定价策略；通过学习企业生命周期的概念，引导创业者建立企业成长到衰亡的整体概念，从而建立经营需要不断创新的创业意识。

　　任何一个企业都有自己的产品，任何产品的生产，都是为了给企业带来利润，而利润应该是消费者和企业双方都可以接受的价格，但是，怎样才能确定产品的价格，怎样才可以使企业实现利润最大化，怎样才可以实现企业的良性发展呢？我们分几节来阐述这个问题。

第一节　产品和企业都有生命周期

一、产品的生命周期

1. 产品生命周期理论

　　产品生命周期理论是美国哈佛大学教授费农 1966 年在其《产品周期中的国际投资与国际贸易》一文中首次提出的。费农认为：产品生命是指市场上的营销生命，产品和人的生命一样，要经历形成、成长、成熟、衰退这样的周期，而这个周期在不同技术水平的国家里，发生的时间和过程是不一样的，其间存在一个较大的差距和时差，正是这一时差，表现为不同国家在技术上的差距，它反映了同一产品在不同国家市场上的竞争地位的差异，从而决定了国际贸易和国际投资的变化。

2．产品生命周期概念

产品生命周期（Product Life Cycle，简称 PLC），是把一个产品的销售历史比作人的生命周期，要经历出生、成长、成熟、老化、死亡等阶段。就产品而言，也就是要经历一个开发、引进、成长、成熟、衰退的阶段。

3．产品在各个时期的特点

（1）**开发期**：从开发产品的设想到产品制造成功的时期。此期间该产品销售额为零，公司投资不断增加。

（2）**引进期**：新产品上市，销售缓慢。由于引进产品的费用太高，初期通常利润偏低或为负数，但此时没有或只有极少的竞争者。

（3）**成长期**：产品经过一段时间已有相当知名度，销售快速增长，利润也显著增加。但由于市场及利润增长较快，容易吸引更多的竞争者。

（4）**成熟期**：此时市场成长趋势减缓或饱和，产品已被大多数潜在购买者所接受，利润在达到顶点后逐渐走下坡路。此时市场竞争激烈，公司为保持产品地位需投入大量的营销费用。

（5）**衰退期**：这期间产品销售量显著衰退，利润也大幅度滑落。优胜劣汰，市场竞争者也越来越少。

产品在生命周期各个阶段的销售规律如图 7-1 所示。

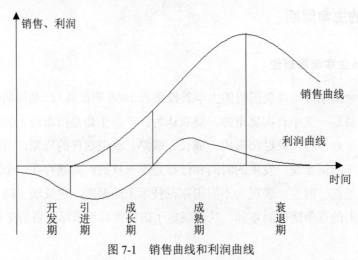

图 7-1　销售曲线和利润曲线

☺ **创业导师提示**

　　明白了产品的生命周期之后，创业者就应该建立"干着今天、想着明天、设计着后天"的经营思路，在第一个产品进入成熟期之后，就要开始启动下一个新产品的开发，或者第一个产品的升级换代产品了，等第一个产品进入衰退期时，第二个正好跟上来。唯有如此，企业的利润才可以保持在一定的稳定水平。

二、企业的生命周期（图7-2）

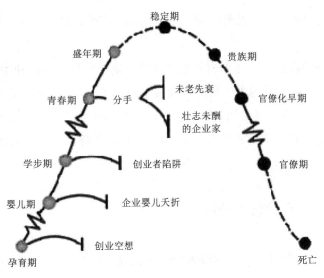

图7-2　企业生命周期

☺ **创业导师提示**

　　从企业的生命周期来看，任何企业在青春期之前死亡率都是很高的，但是，平安度过青春期之后，在稳定期虽然看到了企业的繁荣和利润，同时也应该防止出现另外一些弊病，所以，创业意识应该是贯穿在整个企业经营的始终，时刻也不能放松。

第二节 产品在不同生命周期的定价策略

一、产品在不同阶段的定价策略不同

当电脑刚刚进入市场的时候，那时的价格跟今天的价格已经不可同日而语；当手机还是一种身价的象征时，谁也不曾想到，今天的手机已经普及到小学生了。所以，不管创业者生产的产品质量有多好，你的价格还得由市场说了算。

具体地说，一个产品在它的生命周期的不同阶段，价格不同。

（1）**开发阶段**：在产品开发阶段进入市场，定价较高，但利润较低，因营销成本偏高。

（2）**发展阶段**：产品逐渐得到市场认可，定价较高，利润开始增长。

（3）**成熟阶段**：因为大多数潜在顾客已经买了，新顾客很少，价格降低或打折销售，盈利减少，营销费用加大。应在此时开发新产品并迅速引进市场。

（4）**衰退阶段**：原有产品销售额和利润开始下降，宜退出市场，新产品开始盈利。

二、产品进入市场的最佳阶段

作为创业者，你应该分析你进入的市场正处于那个阶段，从而确定你的营销策略。最佳的时机当然就是及早进入市场，以在市场的发展阶段获得最大的利润。而且，这个阶段的竞争也不是很激烈。

如果你想在产品的发展和成熟期获利，那就需要在产品的开发阶段就进入市场，这个阶段的营销任务就是向顾客介绍新产品，使顾客了解新产品将给他们带来什么。但是，营销费用相对要高。

☺ **创业导师提示**

研究显示，市场的开发者往往能够在较长的时间内保持竞争优势。原因之一是他们通常在产品质量和品种上都占有优势；二是他们在消费者心中树立起了品牌。

第三节　创业初期的营销方式

如果用一句话来概括营销的话，就是营销是有利益的满足需求。也就是说，在营销的过程中，企业要实现利润。事实上，不同行业、不同规模的企业，在营销手段上，所采取的方法都是大相径庭的，因此，不管你用任何形式的营销手段，最终的目的是把企业的产品卖出去，并且给企业换取利润，以维持企业的正常运转。

一、创业初期的营销——企业家营销

大多数公司都是由一些聪明而有理想的创业者个人创建的，而每个企业在创建之初，都经历了一个艰苦奋斗的过程，比如很多现在非常成功的企业，最初的营销，竟然就是创业者个人自己走出去，推销自己的产品。

> ✿ **波士顿啤酒老板的上门推销**
>
> 波士顿啤酒公司的创立者吉姆·科克在公司创立的 1984 年，就是带着一瓶瓶的啤酒，到一间间酒吧上门劝说酒吧老板试饮他们的啤酒。他极力恳求他们把他的啤酒加入到他们的菜单中去。在将近十年的创业时间里，他的企业由于担负不起广告费用，而不得不通过这种直接销售渠道和人际关系来推销啤酒。
>
> 但是，今天，波士顿啤酒公司的啤酒已经成为美国同行业销量最好的啤酒了，他们每年的利润已经达到了 2.1 亿美元，成了该行业的领头羊。

二、成熟创业的营销——惯例式营销

随着公司的发展和客户群体的壮大，一般的企业在成长期，都采用了惯例式营销，即细分市场，建立营销队伍，构建营销网络。

> ✿ **波士顿啤酒成长后的惯例式营销**
>
> 　　随着啤酒销量的增加，波士顿公司雇用了 175 名销售人员，且在目标市场投放了大约 1 500 万美元的广告，同时也更加注重市场调研，进而采用了大公司专业化营销的一些惯例式手段。

三、协调式营销——两种营销方式兼顾的模式

　　许多大公司进行了惯例式营销之后，花了大量的精力来阅读最新的市场数据，浏览市场调研报告，力求将与经销商的关系调节到最好并且善于利用广告的威力。但是，经过比较，我们不难发现，惯例式营销模式缺乏企业家营销模式那种灵活性、创造力和热情，于是，更多的企业要求在惯例式营销模式下，企业的品牌经理和生产经理有必要走出办公室，面对面地跟顾客在一起，倾听顾客的反应，以保证企业的产品更好地满足客户的要求。

四、做大企业的小伙伴

　　创业初期的企业力量还不够大，势单力薄，靠自己单枪匹马奋战，不仅会因为相互撞车而自取灭亡，还会由于老是生活在巨人的阴影下，难以取得长足进步。硬拼不行，创业者只有以巧取胜，凭借自身的优势，取长补短，依附大企业成长，充分利用大企业的资源来发展自己，做他们的小伙伴。

> ☺ **创业导师提示**
>
> 　　找到与大企业的共同利益，主动与他们结盟，将强大的竞争对手转化为依存伙伴，借船出海，借梯登高，用他们的优势来发展自己，这种盈利模式就是依附成长模式。

　　创业的路上有很多风险，但是如同长跑和自行车比赛一样，领先的人最累，而紧紧跟随的人就要省力很多。小企业先给大品牌代理销售，或者凭借做大企业的配套零件发家的数不胜数，有一家波兰的企业只是生产红酒瓶的软木塞，就取得了骄人的业绩。小东西不一定做不大，做一个市场的追随者和补缺者，也许会省力很多。

> ✿ 从追随者起步的华为
>
> 　深圳华为是一家知名的大公司，专门为电信运营商提供光网络、固定网、移动网和增值业务领域的网络解决方案，是中国电信市场的主要供应商之一。
>
> 　随着电信事业的发展壮大华为销售额猛增，早在 2001 年就达到 255 亿元，当时华为并没有很先进的管理手段和技术，但为什么会取得突飞猛进的成果？就像牛顿说的："我是站在巨人的肩膀上，所以站得更高。"

第四节　企业发展需要正确的经营理念

一、创业者最初的创业目标大多是为了独立生存

　　创业者的企业为什么而生存？企业追求的目标是什么？创业者以什么样的理念来经营和管理企业，才是最重要的？关于经营理念，我们在撰写创业计划书时已经谈过，但是，一旦企业创立以后，尤其是在遇到种种困难和问题的时候，创业者应该坚持什么样的经营理念呢？创业者在自己的企业开创前和开创后对这个问题，都会有不同的认识。

　　所谓经营理念，就是企业的经营目标。但在现实中我们发现，很多没有制定经营理念的企业也照样在运行。还有的企业似乎并没有深思熟虑过本企业的特点，只是依照别人的样子拼凑一些句子，诸如"以人为本""为社会做贡献"之类的，这样的经营理念看起来不过是一些随处可见的口号，并不能表达创业者的真实意图。通常员工也会因为太雷同和抽象而不能完全理解。

　　无论是创业者本人还是企业，在创业之初一个简单的动机和目的：就是要企业健康地生存下去，这样才可以实现创业者的独立和人生价值。因此企业经营之初，聘请外来的员工较少，甚至是自己的亲戚和朋友居多，因此，经营理念相对简单而实在。

> ☼ **松下幸之助最初的经营理念**
>
> 　　松下幸之助被人称为"经营之神"，那些应用于日本企业管理的著名的"事业部""终身雇用制""年功序列"等企业管理制度，都是他首创的。
>
> 　　少年时的松下幸之助只受过四年小学教育。父亲的生意经营失败，为了生存，他不得不离开家而去大阪做学徒。1918年，23岁的松下幸之助在大阪建立了自己的"松下电气器具制造所"，并且开始推出他的产品：先进的配线器具、炮弹形电灯泡、电熨斗、电子管、晶体管、真空管等，那时他的经营理念非常朴素，就是为了满足生活的需要，理想并不宏大。
>
> 　　为了生活，就是他最初创业时最朴实的经营理念。

　　随着企业客户群体的增多、销售量的增大，仅靠亲戚朋友参与经营显然是不够的，于是各种背景、不同家庭的人，就开始因为企业的需要而走到了一起。

　　为了满足生活的需要，并不一定是所有员工追求的目标，因此，创业者的思维方式和观念，也会因此而发生变化。

二、创业者从"为自己"演变成"为职工"

　　但是，企业的经营永远是莫测的，假如当企业遇到突发事件，员工们齐心协力地克服了；或者在创业者出差不在，或因病住院离开公司时，原来还担心企业会一片混乱、工作停顿，可实际上却是员工以强烈的危机意识，比创业者在的时候做得更好了，原因是他们抛开了个人杂念，而将企业的利益放在了第一位。此时此景，创业者就会意识到，只考虑自己和家人的生存是不够的！正是因为有了这些忘我的员工们的辛勤劳动和付出，才有了公司的繁荣和未来。就算为了这些员工的利益，也必须让企业做大、做强。

　　就这样，随着时间的推移，企业的发展，创业者的经营理念，就从"为自己"逐渐发展成了"为员工"。

三、创业者为社会做贡献的理念是逐步形成的

　　当创业者意识到"自己可以安稳地开办企业，不就是得益于社会上这么多人的

帮助和提携吗？如果没有国家的稳定和繁荣富强作保障，我的企业怎么可能发展壮大？为了维护这种稳定的局面，自己的企业向国家缴税做贡献，也是理所应当的事。"创业者的企业经营理念，就这样从"为自己"扩展到"为员工"，最后发展成"为国家"了，企业理念的内涵也有了进一步的发展，成为一种创业者自觉的行动。

☼ 松下株式会社的经营理念

　　在创业的第 7 年，松下幸之助的收入已经成为全日本的第一名了，从这个时期开始一直到 1988 年的 63 年间，松下幸之助的收入在日本有 10 年排行第一，6 年排行第二，到 1989 年他逝世那年，留下了 15 亿美元的资产。

　　在企业壮大以后，松下株式会社一直以"为使人们生活更加丰富、更加舒适，并为世界文化的发展而做贡献"为理念，在这个理念的指引下，企业进入了高速发展阶段。

　　目前，松下公司在全球有 230 家分公司，员工总人数为 250 000 人，其中在中国有 54 000 人，在 2001 年年销售额已经达到 610 多亿美元，位居世界制造业 500 强的第 26 位。

　　在松下公司，松下幸之助经常这样激励他的员工：多出利润才可以多缴税，多缴税才可以为国家多做贡献！

☺ 创业导师提示

　　只有创始人和员工都认识到"企业的发展是为了给国家做贡献"的时候，企业的发展才可以步入新的阶段。

第五节　发展迅猛的电子商务不容忽视

一、异军突起的电子商务

　　传统的市场营销，都是从自身产品的角度去考虑如何建立一支最好的营销队伍。零售业也是由百货商店、大型超市、品牌连锁店和不计其数的夫妻店组成的。企业的营销观念都集中体现在如何实现营销上。每一个企业在进行市场营销管理时，都必须根据商品的特征和质量，建立起必要的配套服务措施，制定产品价格，决定分销渠道，选择广告和推广模式，建立分级销售团队。

但是，随着互联网的渗透，繁忙的消费者们也在改变着他们的生活方式，为了节省时间，很多消费者通过邮购、电话购物、网络购物来实现他们的购买行为。今天，消费者已经可以在互联网上自由地寻找到他们需要的商品的价格，由于厂方的信息量集中，他们还可以进行竞价比较，来选择最适合他们的产品；还可以用电话和网络来进行股票和银行的业务交易，甚至可以通过网络订购，让厂商送货上门。

这种消费形式的变化，给人们的消费理念带来的变化是深刻的，同时也给企业的营销模式带来了变化。

☼ **著名公司的电子商务**

通用公司建立了一个贸易流程网站，在这个网站上，通用电气公司和订购他们产品的客户们，可以要求对方报价，协商合同条款，并且与全球的供应磋商订购活动。还有戴尔电脑公司，采购代理人只要登录戴尔的销售网站，就可以订购为他们特别定制的电脑。

☼ **淘宝成就电子商务创业者的乐园**

目前，淘宝网的迅猛发展，为立志网络创业开店的人提供了很便利的条件，很多企业也把他们的产品搬到网络上直销，有的在很短的时间内取得了骄人的业绩，比如：风靡一时的 PPG 公司，在短短的三年里，就在网络上把衬衫的营业额做到了日销售 3 万件，月营业额过亿元。由此看来，电子商务的魅力实在不可小觑。

☺ **创业导师提示**

作为一个新生企业的创业者，不能无视这种变革，任何科技进步都既是机遇也是挑战，只有充分认识这场在市场和营销领域内发生的重大变革，你才可以更好地融入市场，取得你应有的市场份额。

二、电子商务的优点

1. 便捷

网店永远不会关门。一些工作节奏很快的白领们,在下班后去商店购物,既费时又费力,有时还会遇到关门的情况,而在网络购物,时间随意,选择随意,不需要特别安排时间来购物,因为,便捷性为网络商店招来了大批的年轻顾客。

2. 经济

由于网店没有门面租金和营业员的工资成本支出,因此开店成本较低,这样他们就可以让利给消费者,进而降低商品售价,使同样的货品在网店购买时,更实惠、更便宜。支付宝作为中间人,可以在收到顾客汇款后通知卖方发货,当顾客收到货物并确认满意后,再将货款支付给卖方,为顾客提供了资金安全和信誉保证,因此也使越来越多的人喜欢到网店购物。

3. 多样

随着网络的普及,绝大多数的企业都建立了自己的网站,介绍自己的企业和产品。通常,在网络购物的人们会首先在网络里查询相关的信息,通过比较以后买到的商品顾客感觉更加满意,也更加合算。

4. 个性化

由于网络的便捷和无边界,使远在千里之外的顾客可以跟卖家在网络上轻松沟通,可以把自己的需求更充分地表达出来,所以,个性化的服务比传统营销更加有效率。

> ✿ **网络造就的富豪**
> 　　百度搜索引擎,大家一定很熟悉,他们的收入非常可观,但他们的盈利模式与其他网站不同,他们没有从事任何买卖,连销售一支铅笔的小生意也没有做过。

第七章 如何做好创业初期的营销管理

那么百度的收入来自哪里呢？他们的利润来源于搜索技术服务和广告。关注技术给百度带来了财源和幸运。因为越来越多的网站上遍布散乱的广告，网民已不堪其扰，而百度的主页始终保持着清新的风格，一下子就给人留下了好印象。

网站没花一分钱广告费就吸引了全球每天过亿的访问量，凭借良好的技术优势和服务态度，使许多人成为其忠实客户。而且现在人们对搜索引擎的依赖也越来越强，利润只会增加。

技术好比教练一样，你越有才华，智慧越高，就越会吸引更多的学员投奔你的门下，学员是你的客户，那收的学费不就越来越多吗？

☺ **创业导师提示**

电子商务的发展，给企业带来了更大的发展空间，我们必须正视这个现实，进而在公司的营销策略上，充分考虑电子商务的发展空间，在网络营销上寻找和创建适合自己企业的方式。

第六节 案例学习

✿ **案例1 大众化定制时代已经来临**

设想你走进一个房间，一组白光向你投射过来，只用几秒钟，你身体的三围立体曲线就被收集，数字化后存在一张信用卡内，用这张卡你就可以订取为你量身定做的服装。这个不是幻想，而是目前很多企业正在规划的未来制作衣服的方式。他们正在合作开发这种人体扫描技术，以期望这种大众化定制在普通人中可以实现。

在人体扫描及智能卡携带人体数据技术正在研发的同时，许多公司正用现有技术为顾客提供定制化服务。如众所周知的戴尔电脑公司，也在为他的顾客定制个性化电脑。其实还有很多的公司也正在进行这样的服务。

⚙ **案例 2　马特尔公司的芭比娃娃**

从 1998 年开始，女孩子们就可以在"芭比在线"上设计自己的芭比伙伴了。她们可以给自己的芭比娃娃选择肤色、眼球的颜色、头发的颜色、发型、服装和饰品，甚至她们的名字。她们还可以详细列出她们芭比娃娃的爱憎。因此，当她们定制的芭比娃娃寄来时，女孩子可以在芭比娃娃的包装上找到娃娃的名字和关于娃娃的个性描述。

⚙ **案例 3　李维公司的牛仔裤**

从 1994 年开始，李维便开始根据女士的身材为她们定制牛仔裤，现在这种业务又有了新的发展，称为原装定做。这种服务提供了更多的风格选择。同时，他们也为男士提供这样的服务。目前，在美国一个李维牛仔服装全面的店里，同一个腰围及长度的牛仔裤，就会有 130 多种款式可供选择。如果提供个性化的服务，这个数量是 430 种。如果提供的是原装定制，这个数字将猛增至 750 种。

☺ **创业导师提示**

许多人认为营销是一种力量；有的人甚至认为营销就是一种广告和推销的泛滥；有人甚至认为，营销就是促使不情愿购买者购买他们不需要的产品，这些都是对营销的误读。

营销和营销怎么做，决定着一个企业的兴衰，营销的首要任务就是找出顾客的需求，生产顾客需要的产品，最后实现营销，把产品送达你的消费终端——客户手里，让更多的人喜欢，并且乐意接受你的产品。

课后思考题

根据前边的已学内容，填写表 7-1，试着模拟创建一个公司。

表 7-1　经营思路表

阐述你的经营思想	
产品和服务设想	

第七章　如何做好创业初期的营销管理

预计销售对象	
产品和服务 十大优点	1. 2. 3. 4. 5. 6. 7. 8. 9. 10.
满足了顾客哪些需求	
你的经营策略	

第八章　如何做好创业初期的财务管理

📖 **本章要点**

　　财务管理在企业经营中至关重要，前文介绍的仅仅是开业前的一些财务方面的思考，真正开业后，创业者需要学会和培养高瞻远瞩的眼光和魄力，因此，在这里介绍的都是对企业经营至关重要的概念，希望创业者可以做好学习和知识准备。

　　新创企业在其发展的各个阶段，对财务管理的要求不尽相同。同时，财务管理也与创业者创办的企业类型有关。无论是创办一个小型的传统行业，还是加盟一个成熟的服务行业，抑或是高新技术行业，还是需要吸引风险投资的创新项目等，类型不同，财务管理的内容和重点必然不同。

第一节　创业者必须知道的几个概念

　　在企业里，创业者就是团队的领头人，也是主要的决策者之一。但是，如果没有学过宏观经济学和微观经济学或者财务管理的话，一些在决策时必须考虑的因素，就会因为没有建立这些概念而忽略，好多创业者都是在实践中才慢慢懂得了这些概念的。

一、资金的时间价值

1. 明确资金时间价值的概念

　　这个概念，用一句通俗的话来说，就是：今天的一元钱与明天的一元钱的价值是不相等的。为什么？因为这一元钱在 24 小时内会产生利润或者利息。资金时间价值的表现形式就是利息和利润。

衡量资金时间价值的尺度有两种：其一为绝对尺度，即利息、盈利或收益；其二为相对尺度，即利率、盈利率或收益率。

利率和利润率都是表示原投资所能增加的百分数，因此往往用这两个量来作为衡量资金时间价值的相对尺度，并且经常两者不加区分，统称为利率。

2. 明确资金时间价值的意义

资金时间价值或者说货币时间价值是一个经济学概念，是机会成本的变体。在社会平均利润率一定的情况下，资金时间价值与计息期数成正方向变化，计息期数越多，资金时间价值越大，也就是说资金周转的快慢以及每次资金循环时间的长短，都决定了资金时间价值的大小。掌握资金时间价值理论，有助于企业科学合理地使用资金，企业任何资产只有参与资金运动才可能作为资金实现其时间价值，而闲置的资产无论是流动资产还是固定资产，都不可能创造时间价值，而且随着时间的推移，还会丧失其原有的价值。

3. 出钱的事慢点，进钱的事快点

以前经常听到有人说这句话，这句话的精髓就是"资金的时间价值"。

> ☺ 创业导师提示
>
> 第一，出钱的事要慎重考虑再三，以免出现差错。进钱的事先进来再说，大不了有差错再退回去，你自己不至于有损失。
>
> 第二，因为资金的时间价值，钱还是在自己手里的时间越长越好。

明确这个观念就可以督促创业者节约使用资金，充分提高资金的使用效率，充分实现资金时间价值，使资金在有限的时间和空间范围内获取最大价值。因此在进行项目可行性分析以及在证券投资方案评价中，资金时间价值就是最重要的依据。不论净现值法、现值指数法，还是内部报酬率法等，都是在充分考虑资金时间价值的基础上评价项目可行性较好的方法，而且已在各企业实践中得到广泛应用。

> ☺ 创业导师提示
>
> 无论进行什么样的经济活动，都必须认真考虑资金时间价值，千方百计缩短建设周期，加速资金周转，节省资金占用数量和时间，提高资金的经济效益。

二、机会成本

1. 机会成本的概念

机会成本是指为了得到某种东西而要放弃的另一样东西，机会成本小的具有比较优势。简单地讲，可以理解为把一定资源投入某一用途后所放弃的在其他用途中所能获得的利益。更加简单地讲，就是指为了从事某件事情而放弃其他事情的价值。

机会成本在经济学上是一种非常特别的成本，它是指单笔投资在专注于某一方面后所失去的在另外其他方面的投资获利机会。

2. 掌握机会成本的概念有助于我们做出正确的决策

在企业经营的过程中，创业者经常要面临一些选择。作为企业经理人，他所做的任何决策都是为了企业的生存，在衡量做与不做时，就看哪个决定可以给企业带来更高的利润。

☺ **创业导师提示**

掌握机会成本的概念，会使我们在决策时，多做一些分析，企业家的决策永远是倾向于利润最大化的，而当衡量风险时，又是尽量规避风险的，决策时，机会成本越低，风险系数越小。

✿ **如何做出正确的决策**

沈老师有两项工作要做：一是接受一个培训课程的授课任务，需要用时两个月，可以得授课费 5 000 元；二是利用这两个月的时间她可以完成手里的一本书，出版顺利的话，年底可得版税 50 000 元。

如果她选择了讲课，好处是可以立刻得到报酬，但她授课的机会成本就是版税 50 000 元；她如果选择写书的话，坏处是眼前得不到任何报酬，写书的机会成本就是授课费 5 000 元。

因此，创业者在做决策时，应该多分析问题的各个方面，选择机会成本最低的事去做。

第八章 如何做好创业初期的财务管理

3．投资风险的意识

投资风险是指创业者由于冒着风险进行投资而获得的超过资金时间价值以外的额外收益，所有的企业发展无不面临着投资的风险性。一个成功的企业必定是一个善于避开不必要投资风险的企业。

由于投资收益率＝无风险投资收益率＋风险投资收益率，创业者的每一个决策都应该慎之又慎，因为很多时候，你所做的决策就是"开弓没有回头箭"了。用机会成本的概念来思考问题，无疑会增加你决策的正确性。

☺ **创业导师提示**

有不少企业家都怀着"奋力一搏"的"大无畏精神"盲目地去投资，他们道听途说的小道消息或只是凭感觉进行投资，完全没有进行独立的分析，没有盈利的可靠依据，这样投资难免会招致失败。

由于没有认识到机会成本的潜在损失，也使企业的决策行为并不是"利润最大化"的。

✿ **做了这个就不得不失去另外的获利机会**

萨缪尔森在其《经济学》中曾用热狗公司的事例来说明机会成本的概念。热狗公司所有者每周投入 60 小时，但不领取工资。到年末结算时公司获得了 22 000 美元的可观利润。但是如果这些所有者能够找到另外其他收入更高的工作，使他们所获年收入达 45 000 美元。那么这些人所从事的热狗工作就会产生一种机会成本，它表明因他们从事了热狗工作而不得不失去的其他获利更大的机会。

对于此事，经济学家这样理解：如果用他们的实际盈利 22 000 美元减去他们失去的 45 000 美元的机会收益，那他们实际上是亏损的，亏损额是 45 000-22 000=23 000 美元。虽然实际上他们是盈利了，但用机会成本的概念来计算的话，他们还是隐形亏损的。

三、沉没成本

沉没成本是指已经失去的收益或者付出的代价，不论你采取什么方式和方法，均不能挽回的损失。沉没成本与机会成本的不同之处在于它属于非相关成本，有时是间接的，有时是直接的。虽然由于好多时候是事后发生的，因此在决策时有时无法考虑在内，但在决策时就把沉没成本考虑在内的话，恐怕会造成商机错失或者决策失误。

> ✿ **美国经济学家斯蒂格里茨对沉没成本的举例**
>
> 　　假如你花了 7 美元买了一张电影票，又怀疑这个电影是否值 7 美元。看了一会儿，你证实了自己的疑虑：这个影片确实很差。
>
> 　　在这种情况下，你是否选择离开这家影院？在做这个决定时，你就应当忽略那 7 美元，它就是沉没成本，无论你离开影院与否，这 7 美元都不可能被收回了。

> ☺ **创业导师提示**
>
> 　　由于沉没成本发生的延迟性，所以许多创业者在决策并进入实施阶段时，才发现以前的判断是错误的，这个时候，就不要再去考虑已经无法收回的沉没成本了，撤得越快损失越小。

四、准备金率（或者货币准备金率）

　　我们经常在新闻里听到说"央行决定自某日起提高存款准备金率 0.25 个百分点"或者"降低存款准备金率 0.25 个百分点"，这是什么意思？提高或者降低这个货币准备金率，与当前的经济发展趋势有什么关系？对企业来说，这样的信息是一个什么信号？

1. 准备金和存款准备金率的概念

　　存款准备金是指金融机构为保证客户提取存款和资金清算需要而准备的在中央银行的存款，中央银行要求的存款准备金占其存款总额的比例就是存款准备金率。中央银行通过调整存款准备金率，可以影响金融机构的信贷扩张能力，从而间接调控货币供应量。

　　简单地说，提高存款准备金率，就是要收缩贷款总量，央行发往市场的贷款总量或者货币总量要减少了；反之，降低存款准备金率就是扩大贷款总量，央行发往

社会的贷款或货币总量要增加的意思。

2. 存款准备金率的浮动与国家经济政策有什么关系？

提高存款准备金率：一般经济情况下，经济过热和通货膨胀通常是一对孪生兄弟（除类似津巴布韦这样的国家通过大量发行货币来弥补赤字导致的通货膨胀）。经济过热可以说是利率太过宽松导致贷款成本比较低（也可以理解成市场中货币泛滥），那么经济某个领域就会过热。经济过热后通常就是引起对资源如石油、水泥、钢铁等大量的需求，结果此类商品价格上涨，扩散到实体经济中就会导致通货膨胀。在这种情况下，国家通常会采取提高存款准备金率的政策，所以说，提高存款准备金率是抑制经济过热的措施，预示着下一个阶段的经济增长将放慢步伐。

> ☺ 创业导师提示
>
> 对企业来说，当看到国家宏观经济政策上采取"提高货币准备金率"这样的经济紧缩的措施时，不宜进行大规模投资。反之，当"降低存款准备金率"时，是扩张性的宏观经济政策，属于刺激经济增长的信号，企业应该考虑新的投资和发展了。
>
> 当国家开始"降低货币准备金率"时，对创业者来说，你开始创业的机会来临了；对个人和企业来说，这种经济扩张的政策，无疑是有利于投资的。

另外，"货币准备金率"与通货膨胀系数成反比，简单说就是"提高货币准备金率"会导致物价下降（通货紧缩）；"降低货币准备额金率"会导致物价上升（通货膨胀）。对企业和经营来说，在物价上涨时，才是赚钱的好时机！

3. 货币准备金率的变化，跟企业营销决策息息相关

任何时候，都是机遇和挑战并存的，正是因为在危机中有人倒下，才给后来者留出了发展空间。企业间的区别就在于有人看到了机遇，有人看到了风险。而创业者要时刻关注国家宏观经济政策，高瞻远瞩，在别人还没有意识到的时候，做出正确的决策，才可以有效地规避各种风险，使企业基业长青。

那些百年基业无一不在其成长过程中几进几退，经历过好多次经济衰退而生存到今天。

☼ 知识改变命运——从货币准备金率的变化来决定企业的进退

　　时值 2007 年 5 月，李肖鸣已经代理销售某产品第十三个年头了。

　　这时，国家已经开始了宏观经济调控，连续几次提高货币准备金率。在中国社会科学院研究生院读研时，李肖鸣学过宏观经济学。当时老师讲过"货币准备金率"这个很重要的概念，因此对这个指标很敏感。她便与一起开公司的先生协商：这个信号非常不好！我记得老师当时说，在美国，每次调整 0.25% 货币准备金率时，都非常慎重！

　　她深刻意识到，连续五次提高货币准备金率是对房地产业的沉重打击，是国家宏观经济紧缩的信号。另外，她在那时学到的知识里，清楚记得"行业正相关，负相关"的概念，她知道房地产业与建材行业是正相关的。即：房地产业好建材业就好，房地产业不好时，建材业也不好。但是，由于各行业的规律不同，她记得老师说过滞后期的概念，即：建材业要比房地产业滞后 1.5 ～ 2 年才会显现出变化。这时房地产业的热度并没有减弱，建材产品的销售依然很旺。因为宏观调控政策也有一个产生效应的时间周期。

　　孔子说：君子应趋吉避凶。经过夫妻俩商议，他们认为从产品的生命周期来看，也已经进入成熟期了，所以他们决定放弃这个品牌经营，以免在未来的日子里损失更大。

　　此时正值眼前这个品牌有史以来销售最好的时期，该品牌集团销售部门想扩大品牌形象店的开店力度，这跟李肖鸣的判断相左，于是更加坚定了她转让经营权的决定。当时想要接盘的人很多，他们便把连锁店连同管理人员一个不动地转给了另一家想做的企业。她不仅把仓库里的货一件不留，甚至连送货的卡车、面包车、司机和装卸工，也一个不留完整地把这个品牌的经营权转让给了下家。最后还慷慨地把自主研发的管理这些连锁店的财务软件连同管理这项业务的财务人员、电脑维护人员也一并转让，等于彻底放弃了这个品牌的经营。

　　因为是从零开始一手把品牌做到现在，她也留下了不舍的热泪。就在这一年秋天，她开始了两个月的全国旅游，旅游中她开始调研市场，搜集信息，为企业转型做准备。

第八章　如何做好创业初期的财务管理

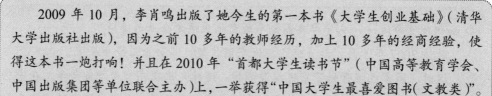

2009 年 10 月，李肖鸣出版了她今生的第一本书《大学生创业基础》（清华大学出版社出版），因为之前 10 多年的教师经历，加上 10 多年的经商经验，使得这本书一炮打响！并且在 2010 年"首都大学生读书节"（中国高等教育学会、中国出版集团等单位联合主办）上，一举获得"中国大学生最喜爱图书（文教类）"。

而此时，李肖鸣已经转型为觉群大学生创业基金的创业导师志愿者，不仅帮助"4050"下岗工人创业，也帮助大学生创业，目前已经完成创业教育书籍和教材 24 本。她开始把主要精力转向创业培训和辅导青年人创业上来。

☺ **创业导师提示**

创业者的任何决策都是为了企业的生存，进有时，退有时，关键在于把握时机。有时退出比进入更需要智慧。选择时机是着眼于大势的决策，创业者一定要不断学习，提高经营能力，把好企业的方向盘。

✿ **季琦在全球金融危机到来前率先急刹车**

携程网、如家快捷酒店创始人季琦说：经济增长时加油门，经济衰退时要踩刹车。季琦从创建携程网到如家快捷酒店，创立了一个新型的深受年轻人和喜欢旅游的顾客欢迎的经营模式，如家快捷连锁酒店的成功，使季琦成了令人瞩目的成功企业家。

继如家之后，季琦又开始筹建汉庭王国，这个酒店的规模和档次都要超过如家，而价格依然走平民路线。就在季琦奋力争取汉庭连锁上市的时候，全球金融风暴来了。

季琦果断地率先在 2007 年下半年撤回汉庭上市的计划，是同行业里第一个踩刹车的。最先感觉到了市场的危机，也最先撤退，因此很好地保全了实力。

☺ **创业导师提示**

古人云：祸兮福之所倚，福兮祸之所伏。当金融危机到来的时候，对某些行业是危机，而对某些行业就是机遇，美国的好莱坞就是在 1929—1933 年美国经济大衰退时崛起的。

中职生创业指导

五、现金流

现金流一般是用来衡量企业收入的一个指标。对一个企业的财务来说，一个阶段的现金流（也称为账面盈余或资产增值）是居于中心位置的指标。现金流是企业经营所得与同期经营支出的一个差额。

企业经营所得主要是指销售收入，企业支出包括购买原材料的费用、支付劳务工资、税收和利息的费用。两者的差额通常被称为现金流，它被定义为销售所得项减去支出的费用。现金流通常被当作衡量企业盈利能力，以及自身融资潜力的一个指标，即：

现金流=企业内部融资能力

企业内部融资能力是指：企业不依靠外部贷款获得资金，而是经过自身经营活动获得资金，并用于企业运作。现金流可以用于生产投资、偿还贷款或分红。

现金流是衡量企业财务情况的一个重要指标，创业者在与贷款方进行洽谈时，常常会被问及现金流的问题。这一指标不仅帮助企业估量自身自信能力，而且也被外界认为是衡量企业偿还能力的一大标准。

第二节　小规模传统行业创业初期的财务管理

一、个体经营、微小型企业应做好日记账和流水账

俗话说：麻雀虽小，五脏俱全。就是说，不论你的企业在开始创业之初是几个人，有多少资金规模，都要做好来往账目，记好企业日记账和流水账，并且要日清月结，这样你就可以及时发现企业现金流的情况，对你的下一步决策提供参考。不要这兜进那兜出，不要把个人的钱和经营的钱混在一起。

> ☺ **创业导师提示**
>
> 作为创业者，必须了解资产、负债和所有者权益的概念，同时要明白收入、支出、成本、利润等会计基础知识，只有这样，你才可能知道你每天做了多少生意，挣了还是赔了，以便于及时调整经营策略和营销方式。

1．流水账

就是按照企业每天发生的收入和支出事项的时间顺序，把所花费和收入的金额及时记录下来。这是企业和个人理财最基本也是最有效的方法。

2．流水账记账步骤

（1）及时收集日常发票、单据，并注意发票上要注明时间、金额、品名、数量等。

（2）按时间顺序对收入和支出登记在账本上。

（3）每天及时记录，最好做到日清月结。最起码每周、月都要把余额统计出来。

（4）分析这些数据，保存好凭证备查。

3．日记账

方便、简单的日记账并不是规范的财务记账方法，是创业者在企业开办初期常用的方法，可以根据实际情况分设几本日记账：

（1）现金日记账主要用来记录每日的现金收支情况。

（2）银行日记账主要记录每天银行账户收支情况。

（3）销售日记账用来记录每天的销售收入情况。

（4）采购日记账用来记录每天采购的物品和支出情况。

……

日记账应该以月为单位进行核算，日记账也叫借贷记账法。

☺创业导师提示

创业者要记住："有借必有贷，借贷必相等"。通过对盈利、支出、应收应付账款的及时分析，把握企业发展方向，合理控制成本。

二、创业者要学会读懂资产负债表和损益表

1．资产负债表及阅读要点

资产负债表表示企业在一定日期（通常为各会计期末）的财务状况（即资产、负债和业主权益的状况）的主要会计报表。资产负债表利用会计平衡原则，将合乎

会计原则的"资产、负债、股东权益"交易科目分为"资产"和"负债及股东权益"两大区块，在经过分录、转账、分类账、试算、调整等会计程序后，以特定日期的静态企业情况为基准，浓缩成一张报表。

☺ **创业导师提示**

　　资产负债表的功用除了企业内部除错、了解经营方向、防止弊端外，也可以让所有阅读者在最短时间内了解企业经营状况。

（1）浏览资产负债表主要内容

　　看过资产负债表，你就会对企业的资产、负债及股东权益的总额及其内部各项目的构成和增减变化有一个初步的认识。

　　由于企业总资产在一定程度上反映了企业的经营规模，而它的增减变化与企业负债与股东权益的变化有极大的关系，当企业股东权益的增长幅度高于资产总额的增长时，说明企业的资金实力有了相对提高；反之则说明企业规模扩大的主要原因是来自负债的大规模上升，进而说明企业的资金实力在相对降低、偿还债务的安全性在下降。

　　对资产负债表的一些重要项目，尤其是期初与期末数据变化很大，或出现大额红字的项目进行进一步分析。

　　如流动资产、流动负债、固定资产、有代价或有息的负债（如短期银行借款、长期银行借款、应付票据等）、应收账款、货币资金以及股东权益中的具体项目等。

☺ **创业导师提示**

　　企业应收账款过多、占总资产的比重过高，说明该企业资金被占用的情况较为严重，而其增长速度过快，说明该企业可能因产品的市场竞争能力较弱或受经济环境的影响，企业结算工作的质量有所降低。此外，还应对报表附注说明中的应收账款账龄进行分析，应收账款的账龄越长，其收回的可能性就越小。

☺ **创业导师提示**

　　如果企业家发现财务报表中企业年初及年末的负债较多时，则说明企业每股的利息负担较重，应及时调整经营策略，加大利润收益。但如果企业在这种情况下仍然有较好的盈利水平，说明企业产品的获利能力较佳、经营能力较强，管理者经营的风险意识较强，魄力较大。

（2）对一些基本财务指标进行计算

计算财务指标的数据来源主要有以下几个方面：直接从资产负债表中取得，如净资产比率；直接从利润及利润分配表中取得，如销售利润率；同时来源于资产负债表利润及利润分配表，如应收账款周转率；部分来源于企业的账簿记录，如利息支付能力。

2. 损益表及其重要作用

损益表（或利润表）是用以反映公司在一定期间利润实现（或发生亏损）的财务报表，它是一张动态报表。损益表可以为报表的阅读者提供做出合理的经济决策所需要的有关资料，可以用来分析利润增减变化的原因、公司的经营成本、做出投资价值评价等。

损益表所反映的会计信息，可以用来评价一个企业的经营效率和经营成果，评估投资的价值和报酬，进而衡量一个企业在经营管理上的成功程度。具体来说有以下几个方面的作用。

（1）损益表可作为经营成果的分配依据

损益表反映企业在一定期间的营业收入、营业成本、营业费用以及营业税金、各项期间费用和营业外收支等项目，最终计算出利润综合指标。损益表上的数据直接影响到许多相关集团的利益，如国家的税收收入、管理人员的奖金、职工的工资与其他报酬、股东的股利等。正是由于这方面的作用，损益表的地位曾经超过资产负债表，成为最重要的财务报表。

（2）损益表能综合反映生产经营活动的各个方面，可以有助于考核企业经营管理人员的工作业绩

企业在生产、经营、投资、筹资等各项活动中的管理效率和效益都可以从利润数额的增减变化中综合地表现出来。通过将收入、成本费用、利润与企业的生产经营计划对比，可以考核生产经营计划的完成情况，进而评价企业管理当局的经营业绩和效率。

（3）损益表可用来分析企业的获利能力、预测企业未来的现金流量

损益表揭示了经营利润、投资净收益和营业外收支净额的详细资料，可据以分析企业的盈利水平，评估企业的获利能力。同时，报表使用者所关注的各种预期的现金来源、金额、时间和不确定性，如股利或利息、出售证券的所得及借款的清偿，

中职生创业指导

都与企业的获利能力密切相关，所以，收益水平在预测未来现金流量方面具有重要作用。

三、注意企业的现金流

在创业初期，一定注意资金不要被固定资产占用太多，进而失去足够的流动资金。如贸易公司，一定注意要采用多品种少数量的进货方式，等找到可以给你带来最多利润的产品后，再逐渐放弃那些不畅销的品种，全力发展和扩大盈利品种。

四、做好税务筹划

1. 什么是税务筹划

"税务筹划"又称"合理避税""税收筹划"，它来源于 1935 年英国的"税务局长诉温斯特大公"案。当时参与此案的英国上议院议员汤姆林爵士对税收筹划作的这样表述："任何一个人都有权安排自己的事业。如果依据法律所做的某些安排可以少缴税，那就不能强迫他多缴税收。"这一观点得到了法律界的认同。经过半个多世纪的发展，税收筹划的规范化定义得以逐步形成，即"在法律规定许可的范围内，通过对经营、投资、理财活动的事先筹划和安排，尽可能取得节税（Tax Savings）的经济利益。"

2. 做好税务筹划的必要性

从税收筹划的起源和定义可以看出，税收筹划不仅是企业利润最大化的重要途径，也是促进企业经营管理水平的一种方式，更是企业领导决策的重要内容，这也正是税收筹划活动在西方发达国家迅速发展、普及的根本原因所在。

> ☺ **创业导师提示**
>
> 　　税收筹划是在经营中寻求企业行为与政府政策意图的最佳结合点，成功的税收筹划往往既能使经营者承担的税收负担最轻，又可以使政府赋予税收法规中的政策意图得以实现。

因此，从某种意义上来看，即使站在政府宏观调控（比如产业政策等）的立场看，税收筹划活动也是应该鼓励，至少是不可禁止的。

3．税收筹划的意义

合法避税是指在尊重税法、依法纳税的前提下，纳税人采取适当的手段对纳税义务的规避，减少税务上的支出。合理避税并不是逃税漏税，它是一种正常合法的活动；合理避税也不仅仅是财务部门的事，还需要市场、商务等各个部门的合作，从合同签订、款项收付等各个方面入手。

避税是企业在遵守税法、依法纳税的前提下，以对法律和税收的详尽研究为基础，对现有税法规定的不同税率、不同纳税方式的灵活利用，使企业创造的利润有更多的部分合法留归企业。它如同法庭上的辩护律师，在法律规定范围内，最大限度地保护当事人的合法权益。

> ☺ **创业导师提示**
>
> 　　避税是合法的，是企业应有的经济权利。必须强调一点：合法规避税收与偷税、漏税以及弄虚作假钻税法空子有本质的区别。

第三节　中小企业如何策划上市

企业上市是一种融资渠道，在美国，一个五个人的公司，在成立的第一天，也许就会宣布他们的目标：五年内上市。这在中国的传统的中小企业里，似乎是天方夜谭。但是，随着创业板和中小企业板的出现，中小企业上市也许在不久的将来不再是那么遥不可及。

一、公司上市的法定程序

根据《公司法》《证券法》等有关规定，企业公开发行股票应该遵循以下程序。

1. 改制和设立

拟定改制重组方案，聘请中介机构对拟改制的资产进行审计、评估、签署发起人协议和起草公司章程等文件，设置公司内部组织机构，设立股份有限公司。

2. 上市辅导

企业聘请辅导机构对其进行尽职调查、问题诊断、专业培训和业务指导，学习上市公司必备知识，完善组织结构和内部管理，规范企业行为，明确业务发展目标和募集资金投向，对照发行上市条件对存在的问题进行整改，准备首次公开发行申请文件。

3. 申请文件的申报与审核

企业和所聘请的中介机构，按照证监会的要求制作申请文件，保荐机构向证监会推荐并申报申请文件，证监会对申请文件进行初审，提交股票发行审核委员会审核。预审员预审后在 30 天内提出反馈意见，根据证监会的反馈意见修改相关材料或出具补充文件。上发审会，出席发审会的 7 名委员中的 5 名同意即为核准通过。

4. 发行与上市

发行申请经股票发行审核委员会审核通过后，证监会进行核准，企业在报刊上刊登招股说明书摘要及发行公告，公开发行股票，提交上市申请，办理股份的托管与登记，挂牌上市。

二、公司上市涉及的主要中介机构及其职责

1. 保荐机构

保荐机构在推荐发行人首次公开发行股票前，应当按照证监会的规定对发行人

进行辅导。保荐机构负责证券发行的主承销工作，依法对公开发行募集文件进行核查，向证监会出具保荐意见。保荐机构应当尽职推荐发行人证券发行上市，在发行人证券上市后，保荐机构应当持续督导发行人履行规范运作、信守承诺、信息披露等义务。

2. 律师

企业股票公开发行上市必须依法聘请律师事务所担任法律顾问。律师主要对股票发行与上市的各种文件的合法性进行判断，并对有关发行上市涉及的法律问题出具法律意见。

3. 会计师

股票发行的审计工作必须由具有证券从业资格的会计师事务所承担。该会计师事务所对企业的账目进行检查与审验，工作主要包括审计、验资、盈利预测等，同时也为其提供财务咨询和会计服务。

4. 资产评估师

企业在股票发行之前往往需要对公司的资产进行评估。这一工作通常是由具有证券从业资格的资产评估机构承担，资产评估具有严格的程序，整个过程一般包括申请立项、资产清查、评定估算和出具评估报告。

三、企业上市需要承担的费用（仅供参考）

▶费用名称——收费标准。

▶改制费用——参照行业标准由双方协商确定。

▶保荐、辅导费用——参照行业标准由双方协商确定。

▶承销费用——承销金额 1.5%～3%。

▶会计师费用——参照行业标准由双方协商确定。

▶律师费用——参照行业标准由双方协商确定。

▶评估费用——参照行业标准由双方协商确定。

▶审核费用。

▶上网发行费用。

▶上市初费——3万元。

▶股票登记费。

▶信息披露费。

▶印刷费。

▶其他。

第四节　案例学习

✿ 中原地产规避经济危机风险的策略

中原地产代理集团创建于1978年，专职代理一、二手房地产买卖及租赁服务，历经二十八年壮大发展，已名列香港地区最大的华资地产代理行，现有内地、香港、澳门分公司一千余家，员工总数为两万多人。业务遍及建筑设计，营销策划，一、二手住宅、写字楼、商业、酒店、商铺租赁及买卖，物业估价、地皮买卖等，并以每年百亿元的成交金额、超过十亿港元的营业额和近二十亿港元的年佣金收入额，占香港地产代理之实力首位。目前市场占有率已达到香港交易市场的50%业绩，傲视同侪。

公司创始人施永青在接受记者采访时，从这二十几年中原的发展历程说起，说到上一次经济危机来临时，他果断地把那时的分店全部关掉，最后只留一家总店，把优秀的人才集中起来，等到经济危机过去之后，每一个人都能成为新店的经理，所以他能在经济好转的时机到来时，一下就开出来遍布全国的分店，重现往日的辉煌。

☺ 创业导师提示

经济周期也跟四季一样，无时不在变化之中，创业者要像爱护自己家一样经营自己的企业，冬天到来时要提前准备好棉衣过冬，春天要来的时候，要提前准备好种子，在夏天要勤奋浇灌、除虫，耐心等到秋天的收获季节。

课后思考题

1. 作为一个创业者，心中就要对企业运营的各个环节都有全面的了解，知道什么叫经营分析。如果你即将开始你的创业之旅，就要在实践中搞清楚这些概念，虽然不一定要亲自去做，但是作为一个企业的总经理，必须明白。

2. 企业经营的成果最终反映在资产负债表和损益表上，要知道经营的实际情况，自然要看反应在表中的各种数据。弄清"资产负债表"和"损益表"的结构，学会分析表中数字的意义。通常，没有经过处理的数字，最能反映客观实际，有不容分说的说服力，这是企业经营者不可忽视的信息。

3. 参照其他企业的案例，模拟制定一个财务管理制度，以防范资金使用中违纪事件的发生。任何企业内出现贪污等违纪事件，都跟企业内部制度不健全或者监管不力有关。因此，必须从源头开始抓，完善制度是加强管理的有力措施。

第九章　互联网时代的营销和客户管理

📖 **本章要点**

　　随着互联网时代的发展，5G 时代已经到来了！互联网的发展，使得传统的营销管理和客户管理都发生了深刻的变革，对企业来说，营销管理是很重要的一个方面，管理好客户，一切以客户为中心，让客户满意，才是企业的生存之道。

第一节　互联网时代的营销

一、营销的本质

　　要了解营销的本质，首先要明白营销到底解决什么问题。

　　营销的本质就是把相同的产品卖出不同来，解决如何把产品卖出去的问题。这是因为当下的市场是一个供大于求的市场，企业几乎在任何领域都会面临直接的竞争对手，特别是中小创业者，处于竞争弱势，所以要研究如何以小博大，以弱胜强。

　　下边通过一个小案例来进一步理解如何通过创造差异来获得竞争优势。

> ☆ **不扰民吉他**
>
> 　　吉他是一个重度竞争品类，如果你在天猫上搜索，你会找到 15 000 多件同类商品（见图 9-1），估计很快你也会得出这么一个结论，哇哦，这个生意可不好做。但是，如果你非想做不可，那该如何办呢？台湾就有一位小伙子找到商机。
>
> 　　台湾男生汤楷骅因为失恋发明了好哲琴，因为便携、静音的特性，他还收到来自日本、美国等地的海外订单。为了进一步开拓市场，他选择到四川德阳

再度创业。他表示，大陆电商很发达，即便是在三线城市，依然可以拥有广大商机。

图 9-1　天猫上的吉他品类

你会发现，换了一个思路，找到城里人练习吉他的痛点，就马上找到产品差异点，反其道行之，聚焦"静音不扰民"，有效回避了竞争，获得了宝贵的创业成长空间，吉他这个行业生意一下变得好做了。

☺ 创业导师提示

　　通过这个案例可以发现，创造差异，价值创新对小微创业者来说是多么的重要。弱者对抗强者，想在竞争中胜出，切不可正面突围，与主要竞争对手正面开战，最佳路径是制造差异，建立区隔，以期在局部获得相对竞争优势。

概括来说，通过构建以下三种中任何一种（或者多个组合）市场区隔，制造差异，主动回避与主流竞争者的正面交战，可以获得有效的局部竞争优势的机会，大大提高创业生存率。

1. 模仿复制，制造空间区隔

其他领域好的商业模式、好的产品品类，也可以不需要创新、直接复制过来，有一个前提是不在同一个市场区域，在新区域尚无人经营。

☼ **中国早年互联网大佬们的项目几乎没有一个是原创的**

百度模仿的是谷歌，阿里巴巴模仿的是 eBay，新浪微博模仿的是 Facebook。他们的共同特点是，一个在美国做，一个在中国做。隔着大洋，你做你的，我做我的，对手再强大，也经不住隔了上万公里，根本反应不过来。

☼ **分众传媒**

早年分众传媒起盘的时候，北京有一个聚众，上海有一个分众，两家的主场不在一个城市，等各自做成两个巨无霸以后再对抗。但有很多新创业的小伙伴是直接复制别人的商业模式，在对手最强势的区域创业，那一定是一做一个死。

☺ **创业导师提示**

初创业者要想在市场上以弱胜强，以小博大，请切记不要当你还很弱小的时候，用相同的商业模式在同一个区域与主流对手博弈，对方一定以命相搏，想尽一切办法来消灭你。

再看阿里，即使阿里巴巴在中国那么强大，一个印度小伙子在印度模仿阿里巴巴做移动支付，不到三年拿下 400 亿，连马云也投了他。

☼ **印度版马云，他在印度模仿阿里模式，不到三年拿下 400 亿！**

Paytm（全称 Pay Through Mobile）是印度最大的移动互联网公司之一 One 97 Communications 的旗下品牌，被称为印度版支付宝。在成立之初，它只是一个手机预付网站，2014 年开始进入印度刚刚兴起的互联网金融领域，并推出了电子钱包。

维贾伊·谢卡尔·沙玛，印度移动支付和商务平台 Paytm 的创始人（见图 9-2），这位"印度版马云"来了中国十多次，渐渐成了"中国控"。"我们来多少次都觉得不够，因为每一次来都会学到很多新东西。"他从阿里和中国移动市场得到很多启发，回印度创办"印度版支付宝"，使 Paytm 的用户数从不到 3 000 万增长至超过 2.2 亿，Paytm 也跃升为全球第三大电子钱包。2015 年年初，阿里巴巴及蚂蚁金服联手向 Paytm 投资共计 5.75 亿美元，交易完成后，阿里巴巴和蚂蚁金服将持有 One 97 30% 的股份，使得后者的估值达到 20 亿美元。2015 年 9 月，阿里巴巴和蚂蚁金服又追加了投资额，使得 Paytm 从中国市场获得的战略投资额度达到 6.8 亿美元，阿里也成了 One 97 的第一大股东。作为印度最大的初创公司之一，Paytm 最后一次的资产估值超过 70 亿美元，此前在今年早些时候，该公司刚刚从软银融资 14 亿美元。

图 9-2　维贾伊·谢卡尔·沙玛和 Paytm

今年 3 月，印度版支付宝 Paytm 上线了一款独立 app，名叫 PaytmMall。无论从名称还是 B2C 商业模式上，它都和天猫很像。他说，Paytm 的飞速成长离不开来自中国互联网的启发，以及 Paytm 的投资方之一蚂蚁金服的支持。

同样的，中国实在太大，著名的面包房品牌叫 85 度 C，但有家公司抄袭他，店开在 85 度 C 永远不去的城乡接合部。85 度 C 卖啥他卖啥，因为 85 度 C 很少开店到城乡接合部。中国人口在 100 万以上的城市有 300 个，下沉市场实在太大，所以大家相安无事，生意都挺红火。

2. 制造市场渠道区隔

当你发现，市场机会已经被占领得差不多了，也想不出更好的原创品类，这时还有一种办法，那就是换一个销售渠道卖货。

实体店已经挤不进去了，就可以把产品放到天猫、淘宝上；天猫淘宝做不下去了，就搬到拼多多上再做一次；拼多多做不下去了，就搬到社交电商上、用微商模式从新再来。相同或相似的产品，换个品牌，换个渠道，重新再做，照样可以再做一遍。

✿ 露得清如何制作渠道区隔

露得清早年推了一款化妆品，就没有走传统化妆品品牌，他走了专业的地方，就是药店。露得清是最早进入药店卖药妆类产品的。药店里所有的产品中只有它一款化妆品，没有比较，所以做得很火。早年的金霸王电池也是这么做的，他没有走超市，而是走了报摊代售。

✿ **美浮特的渠道转型**

　　美浮特是一款非常不错的根治脚气的产品（见图9-3），2015年刚推出的时候走药店和医院，结果发现由于产品没有在电视上做过宣传，药店销不动，大家还是去买了类"达克宁"等知名品牌，医院渠道也很糟糕，因为医院利润产品太多，医生也没有放在心上，所以一年下来亏了不少钱。2016年，美浮特干脆另辟蹊径，用微商模式销售，由于产品效果明显，结果口碑传播口碑，用户裂变用户，一下子找到了突破口，2016年突破了3 000万元，2017年突破了2亿元，渠道转型成功。

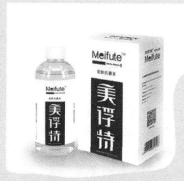

图9-3　美浮特

☺ **创业导师提示**

　　类似的例子还有很多。美国一个公司品牌叫egg，卖丝袜的，他把丝袜的包装做得很特别，整个就像鸡蛋一样，然后他没有把丝袜放在丝袜区，而是放在了鸡蛋区，好多人突然有了好奇心，也懒得走到丝袜区再去比较，所以卖得很好。

　　因此，创业者需要独特思维和视角，遇到竞争对手时，相同产品换地方，同一个地方换产品，实在换不了换渠道。

3. 制造品类区隔

　　如果遇到竞争对手，他与你的产品是相同的城市或区域用不同的产品品类在同一渠道竞争，这样格局的好处是无法直接竞争，形成差异化，你做你的，我做我的，别人拿你一点办法都没有。

☼ **高通和英特尔的品类竞争**

英特尔的芯片计算能力最强，所以做芯片想超越英特尔几乎不可能。于是有一家公司发现了一个机会，我不跟你比速度，我跟你比能耗。因为在手机里面，速度不是最关键点，待机时间才是最关键的点。所以高通公司发明了最省电的芯片，一下子就把英特尔压制住了。英特尔芯片在 PC 上对电能消耗无所谓，但突然换一个领域就被高通打败了。

所以，在市场营销中，不要直接和你的竞争对手 PK 他的强项。从不同的角度出牌，把对方的优势变成弱势，就有机会。品类区隔很重要的特点是相同的市场创造不同的品类，因为竞争对手无法和直接进行比较，最终的目的依然是回避竞争。

☺ **创业导师提示**

在市场上，如果要打造品牌，品类是参与商业竞争的最基本资格，如果没有品类性原创，生意一定是做不大的。

☼ **香飘飘奶茶和立顿茶包**

大家都熟悉的香飘飘出现之前，奶茶市场一度混战，没有一个霸主，都是直接撕开冲市场的模式。香飘飘因为开创了新的模式——杯式奶茶，成了第一名（见图 9-4）。

图 9-4　香飘飘奶茶

香飘飘只是把杯子和奶茶一起卖,就这么一点点的创新,就成了第一名,因为很多人爱喝奶茶,不爱洗杯子。微商里有人抄袭他的模式卖茶叶,在一次性杯子里封装了一些茶叶,泡茶的时候直接拿杯子冲,照样卖得很好,这就是创新,比一般的茶叶卖得好很多。立顿是茶叶里卖茶卖得最好的,因为他发现了一个市场需求,在商业领域里,冲茶非常麻烦,于是他发明了袋泡茶,就这点创新,同样成就了他的行业第一名。

☺ 创业导师提示

类似的例子还有金龙鱼。金龙鱼发明了 1:1:1 调和油,以市场区隔传统按豆油、花生油、葵花籽油等传统分类的油品,因为在市场区隔里没有直接竞争对手,逐渐成长为了行业第一名。

✿ 王晨和他的"拇指月饼"

王晨是复旦大二的创业学生,早年实践,他去了一家月饼厂,结果做销售很猛,一个暑假做了大约有 500 万元的销售额,他销售非常勤奋,跑了很多代工业务,克里斯汀、杏花楼,全来找他们月饼贴牌。随后他自己推了一款月饼,但卖不出去。如何能创造出自己的月饼品牌呢?

后来创业导师给他出了个主意,别人都做大月饼,我们来做小月饼,做世界上最小的月饼。他很兴奋,第二天就做出小月饼,然后开始跑销售,他把月饼卖给了上海的幼儿园,小朋友超级喜欢他的月饼。因为从来没有一款月饼是做给小孩子的,于是他的单品品类创造了 300 万元的营业额。以前他在的工厂1 500 万元营业额,利润也就 150 万元,他的小月饼单品类就可以做到 150 万(见图 9-5)。

图 9-5 "拇指月饼"饼创始人王晨

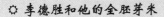

☺ 李德胜和他的全胚芽米

　　毕业大学生李德胜，家里是做米厂的，家里干了十几年的大米生意，他发现了一个机会，普通的白米做一斤只有几分钱的利润，但在米里面有一个品类，叫作胚芽米，胚芽米在日本卖得很好，中国市场还没普及，胚芽米是仙鲜米，放在家里 6 个月不吃，就会发霉坏掉。普通白米可以保存 3 年以上，但是得去胚芽，这样也就把 80% 的营养成分也去掉了。他想做胚芽米，但网上一搜竞争对手一堆，找不到差异化的点。

　　创业导师问他：你有什么绝招是别人没有的？因为这个厂是他自己的，可以把这个机器调的非常精确，调到去掉薄薄的一层大米保护层还可以发芽。别家的胚芽米是没有可能发芽的。

　　于是全新的创意诞生了，最后他创造了胚芽米一个新的品类定义叫作全胚芽米（见图9-6）。怎么区分对手呢？会发芽的胚芽米，才是真正的胚芽米。三倍米香，五倍营养，孩子长个长智力。去了胚就像去了蛋黄的鸡蛋，这款全胚芽米保留了大米90%的营养，很多妈妈一看就会喜欢。怎么证明会发芽呢，他做了一个小道具，胚芽米发芽的标本。市场一下子就打开了！（见图9-6）

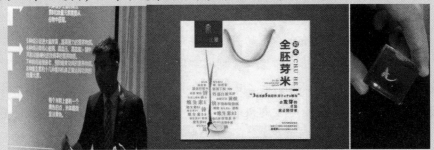

图 9-6　李德胜和他的全胚芽米

　　因此说，在市场营销中，产品或服务没有差异就没有竞争壁垒，没有品类就没有江湖地位。

☺ 创业导师提示

　　通过创新创造一个全新的品类，是创业者的最佳创业路径之一，是一个以小博大、以小胜强的方法，这样可以回避主流的竞争渠道，使得你可以不用赤裸裸地面对竞争对手，不会在短时间内一不小心就被击垮了。

✪ 爱哆哆的诞生礼

　　在爱哆哆之前是没有"诞生礼"的，这个品牌是爱哆哆自己创立的，很多小孩生出来以后，按照民俗，大家会送红的鸡蛋。这种红鸡蛋以前是没有品牌商服务的，都是自己家里煮好多蛋，又加了红颜色，再一家家敲门去送的。爱哆哆就是发现这个商业机会，发明世界上首款诞生礼。

☺ 创业导师提示

　　最近几年小罐茶崛起的非常疯狂，有人说这些大师每天要做几百斤的茶叶，做的过来吗？但是不是大师本人所做并不影响小罐茶成为经典的创新营销案例。

　　因为大部分的茶叶都是按品类卖，比如龙井、毛峰、猴魁。所以他们发明了一个品类是根据实际用途来的，就是商务用茶。既然商务用茶需要各种各样的口味，于是一次性给出各种品类的茶叶，价格卖得很高，包装了8位大师，每位大师在自己的领域都是大师。

　　这实际上都是营销概念的包装，所以小罐茶在茶叶界才能异军突起。

二、互联网时代的营销

　　互联网时代的营销除了创造产品服务的差异外，对产品的设计要求更高，现代人高度依赖社交媒体，例如微信、抖音、快手等，好的产品和营销设计可以产生病毒式的自传播效应。

✪ 复方氨酚烷胺片

　　复方氨酚烷胺片是一个感冒药，这个产品前一段时间被抖音刷屏了（见图9-7）。

　　为什么抖音里大家愿意分享这个视频，是因为他太贴心了，经常有人拿药不方便，拿不出来。

图9-7　复方氨酚烷胺片

这个产品一边抽出说明书、另一边会弹出药品，所以出货的方法跟别人不一样，而且每一片药是独立的，可以撕下来贴在杯子上。经常吃药会忘记，吃一片的时候把另一片贴在杯子上。

☺ 创业导师提示

这个案例成功之处就是解决了市场痛点。这里找到的市场痛点就是经常有人忘记吃药，所以就从痛点入手，做了一个微创新。

创新引领创业，没有创新的创业项目是走不远的。中职生要在学习和生活中不断观察，去发现那些未被解决的痛点问题，也许正是创业的机会所在。

第二节　互联网时代的客户管理

互联网时代给创业者的客户管理提供了全新的工具，利用这些新工具可以找到新的客户分析方法和客户连接方式。对于初创业者来说，客户管理是市场营销中十分重要的一个环节，因此我们要明白如下几个问题。

1. 客户管理要解决什么问题

客户管理解决如何让产品（或服务）销售持续增长的问题，可以进一步拆分成四大问题：

（1）谁是我们的客户？

（2）如何接触到我们的客户？

（3）如何稳定客户？如何与客户互动？如何不流失客户？

（4）如何让客户裂变客户？

不同的客户定位决定了我们会选择不同的触达方式，或者说平台的选择也是跟客户定位密不可分的。

如果产品（或服务）的客户定位是年轻人群，"抖音""快手"的短视频会是理想的获客平台；如果客户定位是中产阶级，在"得到 App""混沌大学 App""喜马拉雅 App"上可能更加适合；如果是普通白领，像"荔枝微课""小红书""拼多多"

则可能会更加精准。

　　找到合适的平台触达客户后，当下最热门的客户管理方法称之为私域流量管理。也就是无论通过哪个平台，不论是天猫、京东还是抖音、快手，最后将客户留存到微信或 QQ，并且建议专属的社群长期动态维护好已经获得的客户，在社群里定期推送有价值的内容构建自己的"鱼塘"。

　　2. 维护客户的几种常用手段

　　（1）知识社群。通过每周或定期的社群课程、线下活动达到锁客、老客户发展新客户的目的。

> ✿ **樊登读书会的管理方法**
>
> 　　樊登读书会是这样管理的，他们除了 360 元的标准课程，全国有 2 000 余家樊登读书分会，20 家海外分会，1 200 多万会员，定期有线下分享会。

　　（2）社群拼团。社群是当今互联网营销中很常见的模式。利用有诱惑力的高性价比产品定期脉冲式激活社群，有些也会利用接龙工具、拼团工具简化操作，强化管理。

> ✿ **小蚁接龙和小贝的全球特卖分享**
>
> 　　通过组建社团，并持续不断地在社群里开展互动，保持社群活力，增加客户黏性。如图 9-8 所示。
>
>
>
> 图 9-8　小蚁接龙和小贝的全球特卖分享社群

（3）**系统工具、大数据管理。**还有很多公司通过系统以 APP 或小程序的形式将用户维护在一个数据系统中，方便客户下单、分享、咨询，开展在线培训等。同时方便对用户画像，分析消费行为和特征。如图 9-9 所示。

图 9-9　蚂蚁销客社交电商管理平台

第三节　新媒体营销的趋势

都说互联网时代，传统媒体已死。意思是说目前传统的电视、户外、纸媒的效果已经大不如前了，新媒体、自媒体正在大量崛起。自媒体的崛起和这个时代的技术变革是息息相关的。

信息技术已经从 1G→2G→3G→4G→5G，人类对信息读取的天性是越来越懒的，能看图就不看文字，能看视频就不看图片。以抖音为首的短视频大火，充分说明了正是技术推动了产业的进步。不是以前不想火，而是技术支撑不起来。

1G 时代是大哥大时代，只能打电话，无法传递除声音外的复杂资讯，1987 年 11 月，广东省开通全国第一个移动通信网，首批 700 名用户，俗称"大哥大"。那时传统媒体特别是电视具有绝对优势。图 9-10 就是 90 年代的"大哥大"。

图 9-10　大哥大

图 9-11　小灵通

2G 时代是小灵通时代，除了通话也能传递短信，有那么几年短信拜年是超级流行的，第一届"超级女声"发起的全民投票，还得依赖短信通道才能实现。图 9-11 所示为小灵通。

3G 时代开始有了质的飞跃，首先以苹果 4 为首的智能手机在 2007 年开始诞生并快速流行，并且流量已经可以基本支撑图片的传送，于是 2009 年微博开始火起来，随后 2011 年微信开始大火，公众号创业一度成为快速致富的利器，就如同 2000 年的网站。这时候，传统媒体开始快速衰弱，甚至大量纸媒开始倒闭或转为纯线上。

2013 年，4G 时代开始，由于流量可以支撑视频，短视频、直播开始在 2016 年集中爆发，至此传统媒体全面沦陷，同时也深度变革着整个中国的零售业态，直播带货、抖音橱窗，正以不可思议的力量重新切割市场格局。图 9-12 和图 9-13 所示为新媒体崛起数据。

图 9-12　新媒体崛起数据之一

如今 5G 已经开始覆盖中国乃至全球。可以预见，新媒体时代与客户的连接和管理方式发生了根本性的变化，更本质的变化是去中心化，以往电视、纸媒、平台的中心化正在被一个一个的 IP、网红切割、分化，变得越来越去中心化。

预计在 2020－2025 年 5G 会爆发，未来万物皆是入口，而不仅仅是手机。未来家里的马桶会提醒你血糖过高，睡觉的枕头会告诉你睡眠的质量，家里的冰箱会自动帮助下单购买鸡蛋，连旅游都有可能会被 VR 直播替代一大部分。未来一切皆有可能。

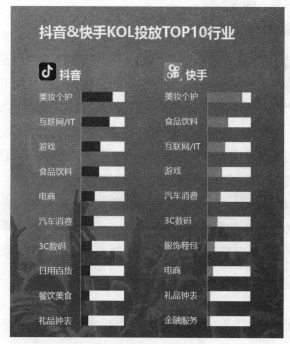

图 9-13　新媒体崛起数据之二

☺ 创业导师提示

现在的市场是一个竞争激烈的市场。如何在竞争中赢得顾客和战胜竞争者，是每一个创业者必须思考的问题。任何企业的盈利都是通过顾客购买企业的产品或服务来实现的。

课后思考题

1. 互联网时代企业的核心竞争力是什么？
2. 你认为互联网时代一个公司失败的原因都有什么？

参 考 文 献

1．秦言．中国小企业[M]．北京：中国计划出版社，1998.

2．卡斯滕·拉斯讷，卡斯滕·斐济，维尔纳·G·法依克司．创业者手册[M]．胡蔚，译．北京：中信出版社，2000.

3．伊丽莎白·K·龙斯沃希．新办企业成败手筋[M]．沈阳：春风文艺出版社，1997.

4．王耀辉．开放你的人生[M]．北京：人民出版社，2008.

5．东方惠子．终身受益[M]．北京：中国档案出版社，2001.

6．弗朗西斯·麦古今．小企业创业[M]．杨莉，译．深圳：海天出版社，2007.

7．拉里·法雷尔．创业时代[M]．李政，杨晓非，等译．北京：清华大学出版社，2006.

8．中国就业培训技术指导中心上海分中心，上海市职业培训指导中心，上海市开业指导中心．创业培训辅导教程[M]．北京：中国劳动社会保障出版社，2004.

9．英涛．第一桶金[M]．北京：中国纺织出版社，2009.

10．佐秉珊．点燃你的激情[M]．北京：石油工业出版社，2007.

11．赵青，曾新．心态决定命运[M]．北京：中国档案出版社，2005.

12．共青团中央，中华青年联合会，国际劳工组织．大学生 KAB 创业基础（试用本）[M]．北京：高等教育出版社，2007.

13．上海青少年活动中心．创业故事[M]．上海：上海三联书店，2007.

14．汤和平．独道[M]．北京：中国商业出版社，2008.

15．武峻．选择做自己做擅长的事[M]．北京：中国纺织出版社，2008.

16．菲利普·科特勒．营销管理[M]．梅汝和，梅清豪，周安柱，等，译．北京：中国人民大学出版社，2001.

17．约瑟夫·L·鲍尔，克里斯托弗·A·巴特利特，雨果·E·R·犹特侯温，等．企业政策战略过程管理[M]．尹可，尹薇，等，译．大连：东北财经大学出版社，2001.

18．李肖鸣．评当前创业教育中的四大恶现象[J]．中国教育月刊，总第 166 期．

19．中国证券投资基金协会组．股权投资基金[M]．北京：中国金融出版社，2017．

20．李肖鸣，张岚．睿智企业家[M]．北京：清华大学出版社，2017．

21．艾伦·白睿，大卫·吉尔，马丁·里格比．初创企业如何融资[M]．李肖鸣，张岚，孙逸，等，译．北京：清华大学出版社，2017．

22．李肖鸣．创新创业实训[M]．北京：清华大学出版社，2018．

中职生创业指导